INOVAÇÃO EM UMA SOCIEDADE DISRUPTIVA

Inovação em uma SOCIEDADE DISRUPTIVA

Janguiê Diniz

ns

São Paulo, 2020

PREPARAÇÃO: Eloiza Mendes lopes
PROJETO GRÁFICO E DIAGRAMAÇÃO: Equipe Novo Século
CAPA: Bruna Casaroti

Texto de acordo com as normas do Novo Acordo Ortográfico da Língua Portuguesa (1990), em vigor desde 1º de janeiro de 2009.

Dados Internacionais de Catalogação na Publicação (CIP)

Diniz, Janguiê
Inovação em uma sociedade disruptiva;
Janguiê Diniz
Barueri, SP: Novo Século Editora, 2020.

1. Inovações tecnológicas 2. inovações disruptivas 3. Empreendedorismo 4. Sucesso nos negócios 5. Educação I. Título

19-1970 CDD-650.1

Índice para catálogo sistemático:
1. Inovações: Sucesso nos negócios 158.1

uma marca do
Grupo Novo Século

Alameda Araguaia, 2190 – Bloco A – 11º andar – Conjunto 1111
CEP 06455-000 – Alphaville Industrial, Barueri – SP – Brasil
Tel.: (11) 3699-7107 | Fax: (11) 3699-7323
www.gruponovoseculo.com.br | atendimento@gruponovoseculo.com.br

Dedico este livro a todos os empreendedores visionários sócios do Instituto Êxito de Empreendedorismo. Aqueles que, assim como eu, acreditam que somente por meio da educação e do empreendedorismo é possível mudar o Brasil e o mundo. E que, para mudar o Brasil e o Mundo, é muito mais fácil começar "mudando a consciência humana" dos mais jovens, foco principal do Instituto Êxito.

SUMÁRIO

Prefácio

Faz menos de 20 anos que começamos a aproveitar uma combinação de fenômenos que aceleraram a conectividade e a massificação do acesso móvel, ubíquo para todos os cidadãos, empresas e governos. O surgimento do smartphone, a capacidade de computação em nuvem, o barateamento do processamento e do acesso a dados em geral catapultaram a sociedade a um novo patamar de conectividade. Poucas vezes na história da humanidade vivemos um período de transformações tão profundas quanto o que estamos experimentando nesse começo de século 21. Talvez falar de revolução digital tenha se tornado lugar comum para muitas empresas e pessoas, seja aquelas mesmerizadas pela velocidade das transformações e pela gama de oportunidades que vêm no bojo dessas mudanças, seja aquelas assustadas pelos crescentes desafios e ameaças trazidas por essa revolução.

Uma nova forma de interagir, de aprender, de se relacionar, de participar da sociedade, de criar e manter serviços e produtos acaba naturalmente emergindo nesse ambiente mais conectado, mais global, mais transparente, mais ágil, no qual empresas e cidadãos buscam permanentemente respostas e soluções melhores, mais rápidas, mais completas, mais baratas e mais inteligentes. O conhecimento jamais esteve tão distribuído e tão acessível. A informação nunca circulou tão rápido e tão livremente. Essa combinação de fatores impulsiona uma busca cada vez mais intensa pela relevância.

Manter-se relevante se tornou elemento fundamental de sobrevivência para empresas frente à aceleração da inovação, à chegada das startups, ao aumento da competitividade e da transparência e a um consumidor/cidadão cada vez mais exigente e informado. E como não dizer o mesmo sobre nós, que temos nosso cotidiano alterado pela abundância de informações, pela vida em rede, pela necessidade de aprender e reaprender o tempo todo para mantermos a nossa própria relevância pessoal frente aos ambientes sociais de trabalho, família e lazer aos quais estamos expostos.

Ao escrever os 21 textos sobre *Inovação em uma sociedade disruptiva*, o professor, empresário e empreendedor Janguiê Diniz nos oferece uma abordagem prática que tangencia muitos dos pontos-chave desse momento tão especial que vivemos, descrevendo com maestria e simplicidade perspectivas, impactos e oportunidades em temas como empreendedorismo, educação, ambiente político, sustentabilidade, tecnologia e empregabilidade.

O autor consegue transitar de forma elegante entre o teórico e o prático, o pragmático e o filosófico, como fruto de sua vivência, capacidade e trajetória, criando uma poderosa combinação de elementos que permitem uma leitura fluida e rica em insights para a compreensão desse momento atual que vivemos no Brasil e no mundo. Recheada de menções ao Brasil e à riqueza da nossa brasilidade e reflexões sobre o país, a obra nos oferece ainda um pouco mais de entendimento da personalidade e do compromisso do autor com uma nação mais educada, mais inovadora, mais empreendedora e mais justa.

Fábio Coelho
CEO da Google Brasil

Apresentação

Inovação parece ser uma das palavras do momento no mundo digital e disruptivo. De fato, deveria ser. Estamos vivendo novos tempos – em todas as esferas da sociedade –, que vêm mudando as relações entre pessoas, entre instituições e – talvez a mais profunda mudança – entre empresas e seus públicos. É principalmente nesse último ponto que *Inovação em uma sociedade disruptiva* quer tocar. Inovação, hoje, deixou de ser um diferencial e passou a ser imperiosa para qualquer profissional, empresa ou empreendedor que queira não apenas se destacar e ter sucesso, mas, sobretudo, sobreviver.

O livro traz uma compilação de diversos textos de minha autoria sobre inovação publicados em veículos de grande circulação nacional entre março de 2017 e junho de 2019. Além disso, inclui textos produzidos nesse período que versam sobre outros temas, como empreendedorismo, educação, política, carreira e economia e que ajudam a desenhar o panorama da sociedade e do mercado atuais. Afinal, para entender a necessidade da inovação, é preciso entender o contexto social, político e econômico em que estamos inseridos.

Vivemos em uma sociedade cada vez mais conectada, tecnológica, digital e disruptiva. Nesse cenário, a competição sofreu grandes mudanças. Os concorrentes das pessoas físicas e jurídicas deixaram de ser apenas aqueles que têm domicílio no mesmo bairro, cidade, estado ou país e passaram a ser os que têm domicílio planetário. A empresa que oferece um produto igual ou semelhante ao seu pode estar do outro lado do globo e prospectar os mesmos clientes que você. Como agir em uma realidade tão competitiva como essa?

Buscando ser criativo e inovador. Fácil? Talvez não. Necessário? Absolutamente.

A inovação não deve partir apenas das novas empresas – muitos pensam que ela é uma característica exclusiva das startups, por exemplo. Mesmo as grandes corporações, por mais antigas que sejam, precisam se reinventar constantemente em sua inteireza, buscando novas alternativas para atender às necessidades da sua clientela, que está cada vez mais exigente.

As novas gerações nasceram conectadas, pois são nativas digitais e estão acostumadas a esse mundo, que lhes oferece inúmeras opções de experiências e permite-lhes um nível de personalização cada vez maior. Principalmente se falarmos da geração Z, ou centennials – aqueles nascidos a partir da década de 1990. São esses jovens e adolescentes que formam uma nova gama de clientes, altamente afeita à tecnologia. Eles demandam serviços personalizados, próximos. Não são mais as marcas que definem os produtos que eles vão consumir; são eles que dizem o que querem, e cabem às companhias se adequarem a isso. Dessa forma, estar atento ao mercado e com o pensamento sempre focado na criatividade e na inovação ajuda a atender a essas necessidades de forma mais rápida, adequada e cativante.

O Brasil é considerado um dos países mais empreendedores do mundo, mas ainda está aquém do que deveria no quesito inovação. Essa é uma situação que se construiu com diversos fatores. A falta de incentivo e investimento em inovação é um deles. Os empreendedores brasileiros são, em maioria, aqueles que empreendem por necessidade. Esse tipo de atuação nem sempre gera inovação. As companhias já estabelecidas também não atentam muito para o dever de inovar, quando este devia ser uma premissa empresarial. É algo tão essencial que muitas empresas já foram à falência por não se adequarem a essa nova realidade – a chamada "síndrome da Kodak".

A inovação empresarial, inclusive, não precisa nem deve vir apenas "de cima para baixo", relegando o dever aos níveis gerenciais mais altos. Pode surgir de qualquer colaborador que, no seu dia a dia, tem mais contato com processos e operações e pode sugerir alterações no modo de produção ou mesmo novos produtos ou serviços. Estimular o pensamento inovador entre a força trabalhadora garante à empresa diferenciais importantíssimos.

Outro fator que barra o pensamento inovador no Brasil é a falta de estímulo dessa habilidade nas escolas. Quando uma criança é estimulada a desenvolver uma mente empreendedora, certamente crescerá com outra visão de mundo e de mercado, tornando-se um profissional com mais facilidade de inovar e criar novas soluções para velhos problemas. Já há boas iniciativas espalhadas pelo Brasil e citamos como exemplo a Escola Conecta, fundada em Recife, no Pernambuco, mas ainda parecem restritas a escolas mais exclusivas, e não acessíveis à maioria da população.

Incluir práticas que estimulem o empreendedorismo e a inovação nas crianças deveria se tornar prioridade do governo, atingindo as escolas públicas de todo o país. Assim, teríamos, de fato, uma nação inovadora. Sempre se falou que "o Brasil é o país do futuro", mas esse futuro nunca chegou. E, para falar a verdade, dificilmente chegará, se a educação, o empreendedorismo, a criatividade e a inovação não forem prioridades nas escolas.

Espero que este livro ajude você a desenvolver em sua mente o pensamento inovador. Mais que isso, uma cultura e um espírito inovador. Uma boa leitura e um bom futuro de sucesso!

Janguiê Diniz

CAPÍTULO I
INOVAÇÃO

INOVAÇÃO em uma sociedade "disruptiva"*

De partida, a pergunta que nos é imposta é a seguinte: como sobreviver, evoluir, desenvolver-se, crescer, conquistar, progredir, ter sucesso, prosperidade, vencer na vida – com felicidade plena e em abundância – nesta nova era, nesta nova sociedade que deixou de ser meramente globalizada, mundializante, aldeia global, para se transformar numa sociedade tecnotrônica, tecnológica, digital, "disruptiva" e cheia de desafios?

Importa asseverar que, hoje, os competidores das pessoas físicas não são mais apenas aquelas pessoas domiciliadas na sua cidade, no seu estado, na sua região ou no seu país. São aquelas que têm domicílio mundial, ou seja, que vivem em qualquer parte do planeta, em virtude da aldeia global. Além disso, de acordo com um estudo realizado pela consultoria Ernst & Young, até 2030, cerca de 70% dos empregos que existem hoje devem ser substituídos por tecnologia inteligente e automação, o que equivale a dois em cada três postos de trabalho. Inicialmente as máquinas substituíram as atividades mais simples, como funções em linhas de montagem de fábricas. A partir de agora, com a evolução da inteligência artificial e da robótica, já existe uma grande ameaça, inclusive contra aquelas profissões que requerem habilidades mais complexas.

Nesse sentido, foi a pesquisa inédita da UNB – Universidade de Brasília, realizada no ano de 2018, que revelou que, no Brasil, até o ano de 2026, trinta milhões de empregos serão substituídos por robôs. Segundo o estudo, até aquele ano, 54% dos postos de trabalho formais que existem no Brasil poderão ser substituídos por inteligência

---

* Publicado em: *LeiaJá*, 19 jun. 2019.

artificial ou automação, o que representa aproximadamente 30 milhões de vagas. Esse cenário assustador criou duas correntes com pensamentos diametralmente opostos sobre o futuro das profissões. A primeira, de cunho pessimista, chamada de "robocalipse", advoga a tese de que a automação causará uma enorme avalanche de desemprego. A outra, de cunho otimista, defende que o desenvolvimento da automação e das máquinas inteligentes vai "impor adaptação dos empregados", mas ampliará a demanda para empregos em tarefas que não podem ser realizadas por máquinas e que exigem habilidades como "originalidade e inteligência social", o que é impossível de se automatizar.

Nada obstante, inúmeras outras formas de trabalho e emprego também estão sendo criadas, em virtude do surgimento dessas novas tecnologias, inteligência artificial e automação. Nessa perspectiva, elencamos, ilustrativamente, as principais profissões que estão com os seus dias contados e as novas que já fazem, ou, em breve, farão parte de nossas vidas.

PROFISSÕES QUE ESTÃO COM OS DIAS CONTADOS:

1) PILOTO DE AVIÃO – Hoje, os sistemas de computadores já pilotam as aeronaves na maior parte do tempo. A interferência humana acontece, apenas, nas etapas de decolagem e pouso. Diante disso, estima-se que a profissão será automatizada entre os anos de 2025 e 2030, com o objetivo de implementar um nível maior de segurança para os passageiros e para as companhias, já que a máquina erra menos que o ser humano, além de gerar uma economia anual da ordem de US$ 35 bilhões. Assim como os autocarros, ou carros autônomos, que em algumas cidades já estão em funcionamento (existindo até Uber autônomo), o futuro será permeado por máquinas voadoras autônomas, inclusive, já em teste por diversas empresas de aviação.

2) MÉDICO ANESTESISTA – Em um futuro próximo, quem aplicará as anestesias serão as máquinas inteligentes e isso proporcionará um barateamento substancial do valor das cirurgias, além de maior segurança. Estima-se que a profissão será automatizada até o ano 2025. A empresa Johnson & Johnson já criou um robô intitulado *Sedasys* para aplicar anestesia, que já está em fase de teste.

3) CONTADORES E AUDITORES – Nos dias de hoje, em virtude da digitalização dos processos e dos livros contábeis, além do uso de blockchain, todas as transações contábeis, em quase todas as nações, são publicadas instantaneamente para proporcionar aos fiscos dos países maior arrecadação e evitar fraudes. Estima-se que, em um futuro próximo, até, no máximo, 2030, todas as tarefas dos contadores serão automatizadas, tornando obsoleta e desnecessária a mão de obra humana.

4) RECRUTADOR DE TALENTOS, OU *HEADHUNTER* – A automação, com poderosos algoritmos de inteligência artificial, com muito mais capacidade de armazenamento de dados, substituirá, até 2023, todos os recrutadores de talentos, ou *headhunters*. Essas máquinas, por meio da avaliação de fotos, vídeos, posts e diversos outros dados armazenados, podem selecionar com muito mais acuidade o perfil do candidato demandado para determinado cargo.

5) ADVOGADOS OU ASSISTENTES JURÍDICOS DE DETERMINADAS ESPECIALIDADES – Solução de inteligência artificial, a exemplo do computador Watson da IBM, que já consegue fazer pesquisa jurídica e realizar tarefas repetitivas de análise de processos, legislação, doutrina e jurisprudência com mais eficiência e acuidade que muitos advogados em início de carreira. Logo, estima-se que, até 2025, algumas especialidades da profissão de advogado serão automatizadas, fazendo com que apenas aquelas tarefas jurídicas que dependem de interpretação subjetiva sejam executadas por seres humanos.

6) **CORRETORES DE SEGURO E ANALISTAS DE RISCO** – Muitos serviços outrora realizados por corretores de seguros e analistas de risco, como cotações, cálculos de prêmio, custos de apólice, avaliação de riscos individuais e coletivo, entre outros, já estão sendo feitos por sistemas e *machine learning* dos computadores inteligentes. Logo, estima-se que a profissão será toda automatizada até o ano de 2025.

7) **ANALISTA DE INVESTIMENTO** – Na atualidade, os robôs que operam em alta frequência no mercado financeiro americano de ações já fazem mais de 50% das operações diárias das transações financeiras. Nesse sentido, estima-se que a profissão será totalmente automatizada até o ano de 2023. Com efeito, a competição não será mais pelo melhor analista, mas pelo melhor algoritmo, capaz de entender as condições do mercado e tomar as melhores decisões de investimento.

8) **ANALISTAS FINANCEIROS** – Estudiosos do assunto estimam que essa profissão será totalmente automatizada até o ano de 2027, uma vez que, atualmente, **já existem softwares de análise financeira que utilizam inteligência artificial muito mais eficazes e efetivos que os profissionais humanos, com um índice de acerto bastante superior.**

9) **OPERADOR DE TELEMARKETING** – Hoje, a maioria dos serviços de telemarketing já é realizada via autoatendimento digital on-line.

10) **ÁRBITRO DE FUTEBOL E DE OUTROS ESPORTES** – Em breve, não apenas no futebol, mas, na maioria dos esportes, a tecnologia gerada pela inteligência artificial automatizada se encarregará de

fiscalizar, apurar e solucionar qualquer evento ou dúvidas em determinada competição e arbitrará o resultado do jogo, tornando obsoleto o árbitro ou juiz humano.

11) CORRETOR DE IMÓVEIS – A facilidade das relações comerciais, por meio de sistemas automatizados, vem desburocratizando profundamente o mercado imobiliário, tornando obsoletos esses profissionais.

12) TRABALHADORES RURAIS – A utilização da automação agrícola nas lavouras, por controle via satélite, está diminuindo radicalmente a mão de obra nas lavouras, o que tornará obsoleta a mão de obra dos trabalhadores rurais.

13) ALÉM DE OUTRAS PROFISSÕES COMO OPERADOR DE CAIXA, MOTORISTA, CARTEIRO, ENTREGADOR ETC.

NOVAS PROFISSÕES QUE FARÃO PARTE DE NOSSAS VIDAS:

1) TUTORES DE ENSINO A DISTÂNCIA (EAD) – O ensino a distância não é mais considerado futuro, já é uma realidade. Por exemplo, hoje, no Brasil, cerca de 20% das matrículas no Ensino Superior já são feitas via EAD e, até 2025, estima-se que esse percentual chegará à casa dos 50%. A expansão do ensino a distância no Brasil não será apenas no Ensino Superior, mas também no Ensino Técnico, Ensino Básico, nos cursos livres e, principalmente, nas áreas desregulamentadas, como cursos para concursos, cursos de **línguas etc.** Daí a importância dos profissionais das salas de aula virtuais.

2) *CREATORS* OU *DIGITAL INFLUENCERS* – Especialistas em produzir conteúdo para a internet, também conhecidos como *digital influencers*, ou influenciadores digitais. **3) *COACH*** – O *coach* é o profissional que ajuda outras pessoas a evoluir em diversas áreas de suas vidas, mas, principalmente, em suas carreiras. Hoje já existe uma forte demanda para esses profissionais, visto que muitas pessoas ainda estão em dúvida sobre o que desejam fazer da vida ou sobre como desempenhar as funções da melhor maneira.

4) ***PERSONAL TRAINER*** – A sociedade tem envelhecido de maneira mais saudável e como consequência tem ganhado mais longevidade, além disso, nessa onda de embelezamento influenciada pelas redes sociais, as pessoas estão cuidando mais do corpo. Dessa forma, a tendência é que este profissional ganhe ainda mais valorização.

5) **PROFISSIONAL DE MARKETING DIGITAL** – As redes sociais hoje em dia viraram um modelo exponencial de negócio. Por isso, este profissional está sendo cada vez mais demandado para a realização de publicidade voltada para a internet.

6) **ENGENHEIRO AMBIENTAL** – Em face da política mundial de proteção do meio ambiente pautada nos princípios da sustentabilidade, este profissional será cada vez mais essencial entre as profissões do futuro.

7) **ENGENHEIRO HOSPITALAR** – Na sociedade digital ou disruptiva, para cuidar da saúde das pessoas, os hospitais passam a utilizar cada vez mais tecnologias de ponta consagradas em máquinas digitais e automotivas. Nesse sentido, o engenheiro hospitalar será uma profissão de grande demanda nos próximos anos.

8) **DESENVOLVEDORES DE SOFTWARES OU *DEVELOPMENT OPERATIONS ENGINEER*** – Conhecido como *devops*, o *development operations engineer*, ou engenheiro de desenvolvimento e operação de software, é um profissional de Tecnologia da Informação (TI) com amplo conhecimento das etapas que envolvem o desenvolvimento e a operação do software, seja na execução dos processos, seja no planejamento do funcionamento ou na organização e evolução de versões. É um profissional utilizado na engenharia de software e visa unificar o desenvolvimento de software *(Dev)* e a operação de software *(Ops)*. São profissionais que criam a automação em todas

as etapas da construção do software, desde a integração, teste, liberação, até a implantação nas máquinas inteligentes. O profissional é responsável por desenvolver e cuidar do processo de operação do software, otimizando e automatizando o monitoramento das fases de construção, integração, teste e liberação do software para implantação, além de gerenciar a infraestrutura necessária para sua completa operacionalização. Com visão ampliada sobre os processos, atualmente é essencial, especialmente em empresas que utilizam *softwares* em etapas críticas de sua operação e que precisam de constante atualização. Apesar de estarmos entrando em uma era em que a inteligência artificial e os chamados *frameworks* de programação em alto nível farão com que o próprio software gere mais softwares, este profissional ainda será demandado por muito tempo.

9) PROFISSIONAL DA SEGURANÇA DA INFORMAÇÃO – É aquele profissional que cuida da segurança das informações digitais das empresas, para que elas não sejam invadidas, burladas ou fraudadas. Apesar de não ser novidade, a necessidade de profissionais especialistas em segurança da informação tem se ampliado cada vez mais rapidamente. Com conhecimento profundo das estruturas de *hardware* e *software*, este grupo de profissionais está sempre em busca de descobrir e corrigir vulnerabilidades e planejar e executar estratégias para proteger os dados, em todos os níveis do processo. Criptografia, políticas de segurança, medidas de controle e ferramentas de monitoramento são alguns dos processos que precisam ser dominados por estes profissionais, que, além de atualização constante, precisam sempre ver o mundo por dois lados: pelo de quem protege as informações e pelo de quem tenta conseguir, a todo custo, o acesso a informações às quais não tem propriedade, e isso implica o uso de engenharia social. São profissionais de grande demanda no mercado presente e muito mais no futuro próximo. **10)**

CIENTISTA DE DADOS (*DATA SCIENTIST*) OU ANALISTA DE BIG DATA – O cientista de dados também é conhecido como analista dos negócios da empresa. É um profissional fundamental para encontrar sentido em meio ao universo cada vez maior de dados disponíveis. Este profissional, não necessariamente formado em TI, mas com visão holística, mente criativa e capacidade de resolver problemas complexos, analisa grandes volumes de dados, estruturados ou desestruturados, para obter informações estratégicas ao negócio. Esse procedimento permite encontrar padrões, fazer análises preditivas e serve de base para tomada de decisões mais precisas, assertivas e objetivas. Também é fruto das atividades deste profissional o desenvolvimento de aplicações de *machine learning* e inteligência artificial, com aplicações nas mais diversas áreas. Esta é, atualmente, a profissão com as melhores oportunidades de carreira.

11) **DESENVOLVEDOR DE DISPOSITIVOS *WEARABLES*** – *Wearable* significa "vestível". São óculos, lentes, relógios e outros equipamentos com algum tipo de tecnologia que facilita a vida das pessoas, cada vez mais presentes na sociedade. Profissional da área de TI com habilidades multidisciplinares e que atua com foco em desenvolvimento dos dispositivos vestíveis. Além de iniciativa e foco em inovação, é esperado deste profissional uma capacidade de enxergar necessidades antes mesmo que elas existam e de atuar em diversas etapas do processo, seja no planejamento de software, seja, por exemplo, no design do produto.

12) **PROFISSIONAL FAZ DE TUDO (*FULL STACK DEVELOPER*)** – O *full stack developer* **é um profissional do mundo da TI com visão holística e domínio total de todas as áreas do processo de desenvolvimento, das mais profundas camadas de código até a interface com o usuário, passando pela gestão de servidores, a administração de bancos de dados e serviços na nuvem, entre outros. Tal domínio**

permite ao profissional oferecer um serviço mais completo e integrado, sem as limitações impostas por visões parciais dos processos. O termo, em tradução livre, significa "desenvolvedor de pilha completa", em referência ao termo de quase um canivete suíço. Ele ataca em todas as frentes, seja no desenvolvimento de *back-end,* na esfera de servidores, no banco de dados, na computação em nuvem, ou mesmo no *front-end.* Com conhecimento do processo como um todo, o desenvolvedor *full stack* é, hoje, uma excelente pedida para empresas que precisam de soluções completas com custo reduzido e máxima otimização. Mas encontrar este tipo de profissional, e com qualidade, não é uma tarefa fácil, pois o domínio exige encontrar soluções criativas e funcionais.

13) ENGENHEIRO DE VISÃO COMPUTACIONAL *(COMPUTER VISION ENGINEER)* – O engenheiro de visão computacional **é também** um tipo de engenheiro de aprendizado de máquinas *(machines learning engineer).* É um cientista de dados que, por meio de sistemas, faz com que o computador reconheça imagens, sentimentos etc.

14) PROFISSIONAL DE CONSTRUÇÃO DE EDIFÍCIOS (*CONSTRUCTION SUPERINTENDENT*) – No Brasil, este profissional é qualificado por meio do curso tecnólogo de Construção de Edifícios. O papel deste profissional consiste em executar as operações diárias no canteiro de obras, controlar os cronogramas, a qualidade dos serviços terceirizados, coordenar os subcontratados, analisar as planilhas financeiras etc.

15) ARQUITETO E ENGENHEIRO 3D – Na sociedade digital e disruptiva, muitos produtos, como sapatos, peças de avião etc. já estão sendo produzidos por meio das chamadas impressoras 3D, ou impressão tridimensional. Apenas para ilustrar a importância das impressoras 3D e desses profissionais, até um edifício comercial de seis andares foi recentemente construído na China com uma impressora

3D. Estima-se que, em, no máximo, dez anos, 10% de tudo que será produzido no mundo será por meio da impressão tridimensional. Logo, a demanda por engenheiros e arquitetos nessa área se tornará cada vez mais intensa.

16) GESTOR DE INOVAÇÃO – Em face de, hoje, a inovação não ser mais diferencial, mas necessidade, existe cada vez mais a indispensabilidade de as empresas contratarem este tipo de profissional, cujo objetivo principal é repensar as principais estratégias para áreas específicas da empresa com o intuito de melhorar, mais e mais, o modelo de negócio da instituição, satisfazer e encantar cada vez mais o cliente.

17) DESIGNER DE REALIDADE VIRTUAL – O aumento do acesso ao ambiente de realidade virtual, como, por exemplo, as visitas virtuais a museus, pontos turísticos e até a países amplia a necessidade de profissionais criadores destas realidades.

18) ESPECIALISTA EM *E-COMMERCE* (COMÉRCIO ELETRÔNICO) – Hoje, o comércio eletrônico, quer seja de produto, que seja de serviço, está sendo ampliado em todos os níveis, por meio das empresas ou lojas virtuais, concorrendo na internet, passando a ser os maiores competidores das empresas tradicionais. Por isso, o profissional especialista em *e-commerce* tem uma grande longevidade, afinal, é possível vender quase tudo pela internet.

19) GESTOR DE TALENTOS – O gestor de talentos atua para ajudar pessoas possuidoras de certos tipos de talentos a ampliarem o seu sucesso. Este profissional atua analisando e potencializando os pontos fortes e combatendo os pontos fracos das pessoas talentosas, para capacitá-las a serem sempre melhores profissionais em suas carreiras.

20) ESPECIALISTA EM ENERGIAS RENOVÁVEIS OU ENERGIAS ALTERNATIVAS – A tendência mundial é buscar recursos energéticos alternativos que não gerem impacto ou dano ambiental. Com efeito, esse tipo de profissional será cada vez mais demandado.

21) PROFISSIONAL INTEGRADOR (*PROFESSIONAL TRIBER*) – É o profissional detentor de habilidades e competências que são capazes de integrar e inter-relacionar pessoas em departamentos das empresas para que elas trabalhem em equipe e harmonia e desenvolvam melhor a capacidade de performance. Ou seja, é o profissional especialista em unir pessoas de diferentes culturas em torno de um projeto comum para que a empresa tenha uma melhor performance organizacional. Esses profissionais geralmente trabalham como *freelancers*.

22) CUIDADORES – A elevação da expectativa de vida da população, que hoje já chega aos 80 anos, a aposentadoria tardia e a mudança do comportamento das famílias, que passam a controlar a natalidade e ter menos filhos, são exemplos que contribuem para o crescimento da demanda por estes profissionais.

23) GESTOR DE RESÍDUOS – A produção de resíduos sólidos, às vezes, nocivos à saúde, vem aumentando substancialmente nas empresas, gerando a necessidade de profissionais que possam gerir estes produtos.

24) INSTALADORES DOMÉSTICOS (*SMART HOUSE)* – O aumento da demanda por casas automatizadas e inteligentes cria a demanda por profissionais especializados em tecnologia para cuidar desses ambientes domésticos automatizados.

25) ESPECIALISTAS EM EXPERIÊNCIA DE USUÁRIO/CLIENTE VISANDO AO SUCESSO DO CLIENTE *(CUSTOMER SUCCESS*) – A função deste profissional é fazer com que o cliente tenha toda a assessoria necessária para adquirir o melhor serviço, ou o melhor produto. É um profissional muito requisitado nas empresas de venda pela internet ou *e-commerce*.

26) PROFISSIONAIS DE SAÚDE MENTAL – O modo louco de vida das pessoas, sempre no limite, tem aumentado consideravelmente os casos de depressão, que já é considerada a doença do século. Com base nisso, os terapeutas e psiquiatras passam a ser cada vez mais demandados, principalmente porque é muito pouco provável que surjam máquinas inteligentes ou robôs para substituir o cuidado personalizado que esses profissionais têm com seus pacientes.

27) PROFISSÕES VOLTADAS PARA QUALIDADE DE VIDA – Também estarão em alta, já que as pessoas vão viver mais e estão se preocupando cada vez mais com a qualidade de vida.

28) PROFISSIONAIS DE JOGOS DIGITAIS (GAMES) – São aqueles profissionais que auxiliam a geração Y, ou millenials, e também a Z, ou centennials, a se divertirem, ou **até a trabalharem, como é o caso dos atletas digitais profissionais.**

28.1) *STREAMER* – É, hoje, o profissional que faz, em tempo real, o comentário de jogos, atualidades e afins. Um grande exemplo no Brasil é o Felipe YoDa Noronha, mais conhecido como Nick YoDa, streamer, jogador profissional de *League of Legends* e empresário brasileiro. YoDa é o maior *streamer* brasileiro de audiência e um dos cinco maiores do mundo pela plataforma Twitch.tv. Foi campeão brasileiro pela Red Canids e vencedor do Prêmio eSports Brasil 2017 nas categorias Personalidade do Ano, Melhor Streamer e Craque da Galera.

28.2) *FILMMAKER* – É o profissional que faz, produz e edita os conteúdos para os jogos digitais, os campeonatos e os *streamers.*

28.3) COACH OU PREPARADOR DOS JOGADORES DIGITAIS – Fazendo uma analogia ao futebol, são os treinadores dos jogadores.

28.4) DESIGNER DE GAMES – Aqueles profissionais que desenham e criam os jogos digitais e afins.

Feitas essas considerações sobre as profissões que se tornarão obsoletas e as que permearão o mercado do futuro, é importante lembrar também que, se você quer abrir um negócio, antes, pergunte-se se o negócio poderá funcionar via smartphone, ou seja, se vai usar o smartphone como instrumento ou ferramenta. Se não funcionar, esqueça a ideia, pois, certamente, o negócio não vai se desenvolver e quebrará.

Recrudescendo o âmbito de observações, é importante registrar, ademais, que as pessoas jurídicas, ou seja, as corporações empresariais, têm que ficar atentas às empresas de softwares ou programas de computadores, haja vista que as grandes concorrentes das empresas de hoje não são mais as empresas tradicionais que fazem a mesma coisa que a sua companhia faz. Trata-se de um novo exército de players que estão atacando os players tradicionais. São, na verdade, as empresas de softwares, ou empresas de programas ou ferramentas de computadores, como a Google, Apple, Microsoft, IBM, Amazon etc. Essas empresas de softwares vão, em pouco tempo, levar à bancarrota a maioria das empresas arcaicas e tradicionais que existem hoje, caso elas não adotem, de forma rápida e eficaz, as inovações tecnológicas que estão surgindo. É que, segundo Marshall Goldsmith "o que nos trouxe até aqui não tem o poder de nos levar para a frente".

Na realidade em que vivemos, assistimos diuturnamente a exemplos de programas ou ferramentas de software que levaram, ou estão levando, à falência empresas ou modelos de negócios tradicionais e seculares. Ilustrativamente, elencamos algumas abaixo: **1) Netflix**, que consiste em um programa de computador ou ferramenta de software transmissor de filmes; faliu as locadoras; **2) Spotify** faliu as gravadoras; **3) Google** transformou radicalmente os negócios de páginas amarelas, como a Listel, e principalmente as empresas de enciclopédias, como a companhia Inglesa Britannica; **4)** Empresas de smartphones, a exemplo da Apple, que auxiliou na falência de empresas que fabricavam câmeras e filmes de revelações fotográficas. Quem não se lembra da gigante mundial de revelação fotográfica chamada Kodak, dona da maioria do mercado mundial de revelações, que quebrou "no talo" em poucos meses após o surgimento do smartphone? Da falência da Kodak, surgiu um brocardo que todos os empreendedores e empresários têm pavor, que é "não queiram padecer da síndrome ou efeito Kodak". Além disso, os smartphones estão revolucionando a educação global. Hoje, já temos aparelhos como esses custando cerca de US$ 10 em quase todos os países de todos os continentes. Com efeito, em poucos anos, a maioria da população mundial possuirá um smartphone, o que lhe permitirá ter acesso à educação de muita qualidade transmitida pelas melhores universidades do mundo, de forma on-line e em sua língua nativa, em face aos programas de inteligência artificial de tradução; **5) Waze** acabou com os aparelhos de GPS; **6) OLX**, ferramenta de software de compras e venda, acabou com os classificados dos jornais; **7) Nuvem** está acabando com a vida dos pen drives; **8) Uber**, que não possui nenhum carro, hoje, já é a maior empresa de táxi do mundo e, em breve, se tornará a maior transportadora de todo e qualquer produto do planeta. Ela está acabando com os táxis tradicionais e vai acabar com as transportadoras tradicionais. Hoje, já existe Uber helicóptero, Uber caminhão etc.; **9) Airbnb**, que não possui nenhum imóvel, propriedade, ou leito de hotel, está complicando a vida dos hotéis e já é a maior empresa de aluguel de quartos e apartamentos do mundo; **10) YouTube** está complicando a vida das redes de TV abertas e fechadas. É que os adolescentes não assistem mais a canais abertos de TV e assistem muito pouco aos canais fechados; **11) Facebook** está complicando a vida dos portais de conteúdo; **12) WhatsApp** está complicando a vida das operadoras de telefonia; **13) As mídias sociais**, criadas por meio de ferramentas de software, estão complicando a vida dos veículos de comunicação; **14) Tesla**, criadora de carros elétricos e autônomos, está complicando a vida das montadoras de automóveis tradicionais; **15) Tinder** e similares, que viabilizam a marcação de encontros de relacionamento, estão complicando a vida das empresas de baladas; **16) Booking**, encarregada de fazer reservas de turismo, está complicando a vida das agências de viagem; **17) Zipcar**, que loca veículos, está complicando a vida das empresas de locação de veículos; **18) Os cartões Original e Nubank**, que não cobram taxas do usuário e sobrevivem apenas das comissões cobradas da empresa vendedora do serviço ou produto, estão ameaçando o sistema bancário tradicional; **19) Os autocarros**, carros autônomos, de autocondução, ou veículos sem motorista, que já estão sendo testados em alguns países e que serão elétricos, diminuindo grande parte da poluição e do barulho nas grandes cidades, nada mais são do que ferramentas de software sobre quatro rodas. A consequência dos carros autônomos e elétricos é melhorar as nossas vidas, pois haverá diminuição do número de veículos, de estacionamentos, de acidentes, de companhias montadoras de carros (algumas vão falir), e de seguros de carros (algumas seguradoras vão quebrar). Além disso, os jovens do futuro não terão mais carteiras de motorista; **20) Impressão em três dimensões, também chamada de impressão tridimensional, ou em 3D** – A impressão tridimensional consagra o chamado "conceito da manufatura aditivada", que consiste na produção pela sobreposição de camadas de material, e não precisa de moldes, tornando o produto muito mais barato. Hoje, as impressoras 3D já são muito baratas e rápidas. As grandes companhias fabricantes de sapatos e de peças de avião já fazem impressão tridimensional de parte de seus produtos. Brevemente, os smartphones farão impressão tridimensional. Com efeito, como já falado, os especialistas afirmam que, em até dez anos, cerca de 10% de tudo que será produzido no mundo o será por meio da impressão 3D; **21) Moeda eletrônicas *(bitcoins)*** – Alguns especialistas asseveram que a moeda eletrônica *bitcoin*, ou outra qualquer, poderá vir a ser a moeda padrão mundial; **22) Fontes de energia renováveis** – Num futuro próximo, as energias solar e eólica serão extremamente baratas. Com o baixo custo da energia, as nações terão, por exemplo, facilidade para dessalinizar a água dos mares e oceanos, gerando água potável para acabar com a sede de milhões de pessoas; **23) Longevidade** – Dizem os cientistas que, na atualidade, a cada ano que passa, a média de vida aumenta em três meses. A prova disso é que, em 2013, a expectativa de vida do ser humano era de 79 anos, e em 2018 já era de 80. Com efeito, continuando essa toada, no ano de 2036, o aumento da expectativa de vida será de um ano por cada ano que se passar e, por via de consequência, a população mundial terá expectativa de vida de pelo menos 100 anos; **24) Alimentação com proteínas de insetos** – Na atualidade, 30% dos espaços das áreas de fazendas são utilizados para criação de animais produtores de proteínas, como bovinos, suínos, caprinos, ovinos etc., cujo objetivo é alimentar a população mundial. Entrementes, segundo especialistas, é cientificamente comprovado que certos insetos possuem mais proteínas e de melhor qualidade que os animais citados. Logo, no futuro, muitas empresas vão extrair proteínas dos insetos para alimentar a humanidade.

AUTOMAÇÃO E INTELIGÊNCIA ARTIFICIAL: Ampliando o quadro de considerações sobre o tema, não poderemos deixar de fazer uma breve digressão sobre inteligência artificial. A inteligência artificial consiste na capacidade que os robôs modernos têm de aprender, perceber, pensar, raciocinar, deliberar e decidir de forma racional e inteligente como os seres humanos. O smartphone, que utiliza uma combinação de várias tecnologias, é um exemplo típico de inteligência artificial. A inteligência artificial, que faz parte da ciência da computação, utiliza-se dos conceitos de *machine learning*, *deep learning*, processamento de linguagem natural etc. *Machine learning*, ou aprendizado de máquina, que é o principal impulsionador da inteligência artificial, consiste na utilização de dados pelo robô para aprender com apenas o mínimo de programação. No lugar de programar regras para o robô e aguardar o resultado, com a *machine learning*, a partir de dados alimentados, a máquina aprende *essas* regras de forma autônoma e por conta própria. Exemplos disso são as recomendações personalizadas na Netflix e na Amazon. *Deep learning*, ou aprendizado profundo, consiste na parte do aprendizado do robô que utiliza algoritmos complexos para imitar a rede neural do cérebro humano, na qual, com pouca ou nenhuma supervisão, objetiva aprender e adquirir conhecimento. Processamento de linguagem natural usa as técnicas de *machine learning* para encontrar padrões em conjuntos de dados puros, visando reconhecer a linguagem natural. Exemplo é a análise de sentimentos, na qual os algoritmos podem procurar padrões em postagens de redes sociais para compreender como os clientes se sentem em relação a marcas e produtos específicos.

Nesse contexto, importa perquirir qual o papel da inteligência artificial em nossas vidas? Inicialmente, deve ser registrado que alguns, que se dizem especialistas no assunto, afirmam que a inteligência artificial fará com que os computadores sejam, em pouco tempo, muito mais inteligentes que os seres humanos. Enfatizam, nesse sentido, que nos dias atuais, o computador Watson da IBM, que faz milhares de coisas milhões de vezes mais rápido e com mais acerto e acuidade que os seres humanos, em diversas áreas do conhecimento, ratifica o ponto de vista deles. Informam que, no campo da

Medicina, o Watson auxilia os profissionais da Saúde no diagnóstico do câncer com, pelo menos, quatro vezes mais precisão que os profissionais humanos. E no campo do Direito, o Watson responde a certas consultas jurídicas em muito menos tempo e com muito mais acerto que os advogados humanos (70% a 90%). Trazem à baila como outro exemplo a ferramenta de software denominada *Tricorder X*, que pode ser usada no celular, funcionando por meio da filmagem da retina do olho, ou na captação da respiração, ou com a coleta de amostra de sangue para fazer análise e descobrir qualquer doença.

Para incluir algumas palavras a mais sobre o assunto, frisamos que a inteligência artificial consagra o que alguns chamam de "conceito da singularidade". Nesse sentido, importa afirmar que a definição mais simples do termo singularidade consiste na "qualidade de ser peculiar, único, incomum". Entrementes, a definição que nos interessa, no contexto, é a do campo da tecnologia. Na área da tecnologia, singularidade consiste no "ponto a partir do qual o progresso técnico ficará tão rápido e complexo que será incompreensível" (AD). Pelo conceito da singularidade, teme-se que as máquinas, por meio da inteligência artificial, sobrepujem a humanidade, ou seja, dominem os seres humanos no menor tempo possível, tornando-os escravos e, com isso, roubando o sentido da vida humana.

É também nessa linha o argumento de Kevin Kelly, fundador e executivo de um meio de comunicação mundial prestigiado, de que, como os computadores, via inteligência artificial, já são capazes de vencer os humanos em jogos de estratégia, como o xadrez ou o Go, imagina-se que, brevemente, eles podem construir máquinas mais inteligentes do que eles próprios e, a partir daí, tornar a inteligência humana obsoleta.

Também nesse sentido, Bill Gates, fundador da Microsoft, há alguns anos já manifestava preocupação quando asseverou que a "humanidade deveria ficar alerta para a inteligência artificial antes que seja tarde demais". Ademais, Elon Musk, fundador e presidente da companhia Tesla, afirmou em algumas entrevistas e no documentário intitulado "Você confia no seu computador?" que "a inteligência artificial poderia ajudar a desencadear a próxima Guerra Mundial". "Esses supercomputadores poderiam se tornar um ditador imortal, mais perigoso que o da Coreia do Norte, e poderiam desencadear 'armas de terror' das quais nunca escaparíamos". É que, segundo ele, estamos indo rapidamente para a superinteligência digital, que excede qualquer ser humano. Os seres humanos já estão perdendo o controle sobre a tecnologia, dando-lhe poder e habilidades que a humanidade nunca poderá recuperar. Ele comparou a adoção da inteligência artificial à "convocação do diabo" e pede a proibição de robôs assassinos antes que as armas de terror sejam liberadas. Defende, outrossim, a necessidade de criar naves espaciais por meio da empresa de viagens espaciais SpaceX, com o objetivo de habitar outros planetas quando os robôs ficarem mais inteligentes que os seres humanos.

Ampliando o quadro de ponderações e ainda nesse mesmo sentido, Stephen Hawking já escreveu que "o sucesso em criar a inteligência artificial seria o maior evento da história da humanidade", mas poderia ser também o último, "a não ser que aprendamos a evitar os riscos".

Diante dessas argumentações catastróficas, surge a seguinte indagação: será que temos que temer a rebelião das máquinas, como no filme *Eu, Robô*?

Felizmente, para a maioria dos cientistas, a inteligência artificial não conseguirá dominar a Terra, apenas viverá cada vez mais "acoplada ao ser humano", como os carros autônomos, os aparelhos que se comunicam uns com os outros, as mascotes eletrônicas, os robôs enfermeiros, os campeonatos de futebol entre máquinas etc., mas sempre para o bem-estar e o deleite dos seres humanos.

Nesse sentido é o pensamento de Jack Ma, fundador da gigante chinesa Alibaba, quando assevera que, para obter sucesso na vida, a pessoa precisa de um alto QI (quociente de inteligência). Para resistir às adversidades do mundo e ser forte, a pessoa precisa de um grande QE (quociente emocional). Para entender este mundo, viver bem e ser respeitado, o ser humano precisa de um profundo QA (quociente do amor). Com efeito, consigna ele que somente os seres humanos podem possuir o QA (quociente do amor). Nesse sentido, como o ser humano é, por essência, criativo, precisamos ensiná-lo cada vez mais, principalmente as crianças, a adquirir com profundidade algo único em sua vida que é o QA (quociente do amor). Logo, é necessário ensinar as crianças a praticar esportes, a praticar música, a aprender a desenhar, enfim, diversas formas de arte, pois fazem com que elas adquiram as chamadas habilidades pessoais e interpessoais mais comuns, como valores, crenças, sensibilidade, pensamento subjetivo, trabalho em equipe, cuidado com os outros etc. e, por via de consequência, o quociente do amor. Somente o quociente do amor diferencia o ser humano das máquinas, dos robôs, da inteligência artificial. As máquinas, por meio da inteligência artificial, nunca terão essa vantagem sobre o ser humano, nunca poderão superá-lo nesse aspecto, ou seja, nunca poderão possuir o quociente do amor, tão importante dádiva inerente apenas aos seres humanos.

Eu, particularmente, penso que, apesar de a inteligência artificial não ser capaz de possuir o quociente do amor, pois, se assim o fizesse, seria mais poderosa que os seres humanos, a humanidade pode, em poucas décadas, ser subjugada por uma geração de máquinas tão inteligentes, com uma capacidade extraordinariamente superior à capacidade humana.

Ampliando o cenário de considerações sobre as mudanças e as disrupções que estão acontecendo e não cessarão de acontecer no planeta, em face, principalmente, da inteligência artificial, não é ocioso, mas de extrema valia, trazermos à baila as previsões catastróficas realizadas no início de 2018 pela equipe de cientistas da Singularity University, instituição que foi fundada por Peter Diamandis e Ray Kurzweil no ano de 2008 na cidade de Santa Clara (Califórnia, EUA) e, hoje, tem se destacado no mundo acadêmico como uma das principais transmissoras de conhecimento, principalmente na área de tecnologia e inovação. A universidade prognostica que, de 2018 até o ano de 2038, haverá mudanças radicais nas vidas daqueles que habitam este planeta, conforme registramos a seguir: **2018** – Segundo a previsão, a partir do ano de 2018, a inteligência artificial passará a ter sentimentos e emoções que serão incorporadas em interfaces de conversa. Com efeito, se, por acaso, houver alguma reclamação com o robô de inteligência artificial chamado de "Alexa" ou "Siri", por exemplo, ela poderá responder com frases do tipo: "Por favor, não grite assim. Está ferindo meus sentimentos". Ademais, a partir desse ano, existirão robôs inteligentes que já automatizam diversas tarefas manuais, com a consequente extinção de diversos empregos, além de passar a ser de fácil acesso e extremamente comum a existência de equipamentos de realidade virtual e drones; **2020** – Pela previsão, a partir deste ano, passará a existir a internet 5G, entregando velocidade de conexão de 10 a 100 gigabytes para dispositivos móveis ao redor do mundo. Ademais, existirão carros voadores em operação em algumas cidades do mundo e a maioria dos centros médicos dos países desenvolvidos fará diagnósticos e recomendações terapêuticas baseados em inteligência artificial; **2022** – A Universidade prevê que, neste ano, robôs conversarão naturalmente entre si, atuarão como recepcionistas e assistentes de lojas e escritórios e se tornarão algo normal em alguns lares de renda média, para fazer serviços domésticos, com capacidade de fazer, com muita clareza, leitura labial, reconhecimento facial e de gestos. Outrossim, impressoras tridimensionais conseguirão imprimir diversos produtos, como roupas, sapatos, materiais para montagem de casas e até altos edifícios etc.; **2024** – A previsão a partir deste ano é que o número de voos diários de drones chegará à casa de dez milhões. Esses drones passarão a entregar, de forma rotineira, pacotes nas residências e nos escritórios. Os robôs de superfície encaminharão essas encomendas de porta em porta. Ademais, surgirão as primeiras missões privadas para o planeta Marte. Os primeiros contratos de energia solar e eólica de "um centavo por KwH". Cinquenta por cento das vendas de veículos no mundo serão de carros elétricos e será requisito para a conquista da maioria dos empregos saber trabalhar com inteligência artificial aumentada; **2026** – Ela prevê para, a partir deste ano, que os veículos autônomos dominarão as rodovias mundiais e, consequentemente, a maioria das pessoas não possuirá mais veículos. Os veículos voadores de decolagem e aterrisagem vertical, que começarão a surgir em 2020, estarão em ampla utilização na maioria das grandes cidades do mundo. As regiões mais pobres do planeta terão disponibilidade de tablets para a população em troca de dados e direitos de e-commerce. Além disso, 8 bilhões de pessoas já se conectarão à internet em velocidades de 500 MBPs, quando os pais reclamarão de seus filhos por viverem em "outro universo" em virtude da realidade virtual, que se tornará onipresente; **2028** – A previsão é no sentido de que robôs terão relacionamentos reais com as pessoas, inclusive para relações íntimas, mas também, dando suporte aos idosos, cuidando da higiene pessoal e da preparação de alimentos. Ademais, a energia solar e eólica representará quase 100% do consumo mundial, eis que a demanda mundial por energia não renovável, como petróleo, chega ao seu auge e começa a decrescer; **2030** – Nesse ano, está previsto que a inteligência artificial passará no teste de Turing. Isso significa dizer que os robôs poderão alcançar e até superar a inteligência humana em todas as suas dimensões. As emissões de carbono cairão rapidamente, ano após ano, já se prevendo que, na ocasião, haverá a assinatura de um tratado global para, até o ano de 2050, haver emissão zero de carbono. Outrossim, nesse ano, os mais ricos e abastados poderão ter acesso ao que se chama de "velocidade de escape da longevidade", que consiste em dizer que, para cada ano de avanço tecnológico, será aumentada em mais um ano a expectativa de vida dos seres humanos; **2032** – A previsão nesse ano é de que robôs com inteligência artificial serão comuns em todos os locais de trabalho, eliminando todo e qualquer trabalho manual e interações repetitivas, como guias turísticos, recepcionistas, motoristas, pilotos, serventes, construtores etc. A maioria dos profissionais humanos terão alguma modificação cortiçal, como coprocessadores e comunicação web em tempo real. Além disso, haverá a popularização de robôs avatares, permitindo que qualquer ser humano possa teletransportar sua consciência para locais remotos em todo mundo; **2034** – Nesse ano, se prevê que a inteligência artificial conseguirá solucionar problemas científicos complexos que requerem alto nível de realidade aumentada para entendimento. Com efeito, muitos problemas mundiais crônicos, principalmente de saúde, serão solucionados, como o câncer e a pobreza extrema, que ainda hoje assolam muitas regiões do planeta. No contexto, empresas como a Kernel farão conexões significativas entre o córtex humano e a nuvem; **2036** – A previsão para esse ano é de que as cidades inteligentes, que serão maioria no mundo, escalarão de forma global e serão altamente eficientes em utilizar energia solar, eólica, entre outras que surgirão, para produzir e distribuir alimentos, oferecer segurança e transporte eficiente etc. Ademais, tratamentos para a longevidade se tornarão baratos, disponíveis e acessíveis rotineiramente, aumentando a expectativa de vida dos seres humanos em até 30 ou 40 anos; 2038 – Por fim, a previsão para este ano é de que o dia a dia já não será mais reconhecível, pois a realidade virtual e a inteligência artificial alavancarão através do globo todas as partes da vida humana e, fatalmente, a vida humana não será a mesma. Não se pode dizer se será para melhor ou para pior. Mas, certamente e radicalmente, não será a mesma.

Portanto, essa nova era, que deixou de ser apenas globalizada, mundializante, a conhecida "aldeia global" está se transmutando em uma sociedade tecnotrônica, tecnológica, digital e disruptiva, que ensejará um acirramento da competição e da concorrência, e isso afetará radicalmente a vida das pessoas físicas e jurídicas! Dessa forma, fica a indagação, a pergunta mais preciosa de acordo com essa conjectura: como sobreviver nesta nova era em que o mercado se mostra cada vez mais global, multiespecializado e competitivo? A resposta, porém, não é simples... Nesta nova era, tanto as pessoas físicas quanto jurídicas só conseguirão sobreviver, desenvolver-se, ter sucesso e prosperidade se o indivíduo ou a empresa se reinventar constantemente e em um ambiente de constante incerteza, de forma integral, em todos os seus aspectos.

REINVENÇÃO DAS PESSOAS FÍSICAS: As pessoas físicas só conseguirão sobreviver, superar os desafios e as adversidades, desenvolver-se, ter sucesso, prosperidade, vencer na vida e alcançar a felicidade plena por meio da qualificação e do aperfeiçoamento profissional constante e perene, o chamado *life long learning*. A qualificação e o aperfeiçoamento profissional se obtêm adquirindo conhecimento e informação. Conhecimento e informação só se adquirem por meio da educação, eis que, em virtude de tudo estar na internet, a educação hoje é universal e o conhecimento e a informação, chamados de capital intelectual, são muito mais importantes que os recursos materiais, como fator de desenvolvimento humano, considerados instrumentos de poder. Nessa perspectiva, existe a crescente necessidade de os próprios indivíduos assumirem mais responsabilidade por seus treinamentos e por suas vidas, ou seja, fazerem autocapacitação e treinarem com livros, cursos etc. É que, consoante Cornelius Mcgrath, "você tem que perceber seus ativos... e treinar o *start up* que há em você. Não cabe às empresas de consultoria treiná-lo; você pode fazer coisas produtivas no seu iPhone ou no seu iPad". Não existirá segredos a partir de agora. Mesmo porque o que mencionei acima é um destes segredos (ou aforismo) revelados neste mundo em constantes mudanças. E não é qualquer conhecimento ou informação, mas conhecimento múltiplo, diverso, variado, multiespecializado e multifuncional, ou seja, que associe saberes em diferentes áreas e campos do conhecimento humano. Hoje, os profissionais têm que ser detentores de conhecimentos, habilidades, competências em diversas áreas para exercer diversas atividades ao mesmo tempo, para conquistar não apenas a empregabilidade, mas, sobretudo, a trabalhabilidade. São os chamados profissionais multiespecializados ou multifuncionais. Aqueles profissionais que tenham experiências pessoais, domínio de outras línguas (e, nesta seara, o inglês é imprescindível), lógica de raciocínio, que sejam capazes de compreender processos, resolver problemas, que tenham capacidade de liderança, sejam bons em relacionamento interpessoal, tenham visão global e, sobretudo, tenham valores éticos para garantir a trabalhabilidade, conceito que já contém a empregabilidade. Ampliando a seara de considerações, não é ocioso relembrar que a empregabilidade é conceito dos anos 1990 e consiste na capacidade que o profissional tem de desenvolver habilidades e competências para enriquecer o seu currículo com o objetivo de conquistar uma carreira ou um emprego. Já a trabalhabilidade é um conceito dos anos 2000 e consiste na capacidade que o profissional tem em angariar conhecimentos, habilidades e competências para gerar trabalho e renda, seja como empregado celetista, seja como consultor autônomo, seja como empreendedor, além de todas as múltiplas formas de trabalho. Constata-se, portanto, que o conceito de trabalhabilidade é muito mais amplo que o de empregabilidade, haja vista que a empregabilidade está contida na trabalhabilidade, porquanto, o trabalho é muito mais amplo que emprego. Nesse sentido, é oportuno asseverar que a trabalhabilidade está inextricavelmente ligada ao empreendedorismo, uma vez que, nela, o profissional é "empreendedor de si mesmo".

REINVENÇÃO DAS PESSOAS JURÍDICAS: Por outro lado, como as empresas na sociedade atual vão sobreviver oferecendo serviços e produtos para gerações com cabeças, procedimentos, atitudes e posturas totalmente diferentes das que estamos acostumados a ver? Antigamente, as gerações eram classificadas a cada 25 anos. Hoje, no entanto, as coisas mudam cada vez mais rapidamente. Rememoramos que, de 1940 a 1959, surgiu a geração baby boomers. As pessoas dessa geração têm, ao tempo que estávamos escrevendo este livro, entre 60 e 78 anos. Essas pessoas vêm de um contexto pós-guerra, de ditadura e repressão. São, em geral, idealistas, revolucionárias e coletivas. A linha do consumo é ideologia, vinil, cinema e música. De 1960 a 1979, surgiu a geração X. São pessoas com idades, ao tempo que escrevíamos este livro, entre 39 e 58 anos. Eles vêm de uma transição política, hegemonia do capitalismo e meritocracia. São, em geral, materialistas e competitivos. De 1980 a 1994, surgiu a geração Y, ou millennials. As pessoas dessa geração, ao tempo que trabalhávamos neste livro, tinham entre 24 e 38 anos. É a geração mais influente e inspiradora da história, justamente por ser o público-alvo das grandes empresas, seja para prestar serviços, seja para vender produtos. Eles estão sempre conectados, são questionadores, defendem a sustentabilidade, são imediatistas, viram de perto e participaram da chegada da globalização e da expansão da internet. São abstratos, questionadores e globais. A linha de consumo é voltada para experiências, viagens, festivais etc.; e, de 1995 a 2010, surgiu a geração Z, ou centennials, pessoas que têm, na escrita desta obra, entre 8 e 23 anos de idade. A geração Z, também conhecida por Gen Z, iGeneration, geração das redes sociais, nativos digitais, Plurais ou Centennials, é aquela constituída por pessoas que nasceram durante o advento da internet e já não conseguem imaginar viver num mundo onde todas as coisas não estejam conectadas num ambiente on-line e com troca de informações em tempo real. Estamos falando de uma geração hipercognitiva, capaz de viver múltiplas realidades, presenciais e digitais, ao mesmo tempo. É a geração que compreende o funcionamento das ferramentas melhor do que qualquer outra. Tudo isso, graças à tecnologia, que permite que os jovens vivam realidades diferentes e absorvam grande complexidade de informações. Ao contrário da geração Y, o uso intenso de aplicativos e da tecnologia que contornam problemas cotidianos, os membros da geração Z estão habilitados a eliminar fatores imprevisíveis do dia a dia. Para essa geração, prever, antecipar e simplificar são imperativos. Esses jovens são realistas ao extremo, práticos e em busca de satisfazer suas necessidades financeiras e enriquecimento pessoal, seja no campo emocional, sensorial ou ambos. São adeptos do pensamento lógico, autodidatas e responsáveis. Se pensarmos na carreira profissional, são desconfiados, pois não acreditam na ideia de exercer apenas uma função pelo resto da vida. As principais características da geração Z são: responsabilidade social, ansiedade extrema, menos relações sociais, desapego das fronteiras geográficas e a necessidade de exposição de opinião. Vale lembrar que, além de ligados em tecnologia, eles são contestadores vigorosos, não ligam para definições de gênero, idade ou classe. São ativistas, compassivos e levam consigo a ferramenta do diálogo. Como consequência, essa é uma geração que busca a verdade para o consumo. Diante de tantas características, vêm os problemas. O comportamento da geração Z traz um abismo entre ela e a geração anterior. A singularidade de seus membros vai exigir que cada consumidor seja reconhecido como único, justamente porque prevalece o "reino do eu". Instantaneidade, ansiedade e superficialidade são marcantes. Alguns indivíduos da geração Z sofrem se estão desconectados e podem sofrer, por exemplo, da síndrome FOMO (*Fear Of Missing Out*), uma espécie de medo de perder algo que pode estar acontecendo e que se saberia através da internet.

A verdade é que essa geração chegou ao mundo em um momento de contexto tecnológico totalmente diferente daquele em que viveram seus pais. Por isso, a adaptação natural tornou essas crianças predispostas a essa inovação. A geração Z não diferencia a vida on-line da off-line, trabalha com o conceito de *all-line* e quer tudo para agora. Essa geração é quem vai ditar a forma como a "roda do consumo" de produtos e serviços vai girar nos próximos anos e, por consequência, como as empresas deverão agir. Eles têm um alto poder de compra, além de grande poder de influência. Enquanto as gerações anteriores se adaptaram ao mundo digital, os centennials nasceram dentro desse mundo. E, nesse caminho, todos precisam se adaptar. O comportamento, tanto dos jovens quanto das organizações, está em constante mudança e evolução. As empresas precisam estar atentas e ter flexibilidade para alinhar suas práticas e programas para estarem sempre atualizadas, colaborando na retenção e no desenvolvimento de futuros talentos. Este é também o desafio das instituições de ensino: formar o aluno com a visão de um profissional versátil e conectado.

Com efeito, as empresas ou pessoas jurídicas só conseguirão sobreviver neste mundo digital e disruptivo com lucratividade, sustentabilidade e perenidade, oferecendo serviços e produtos, principalmente para as gerações Y e Z, se, constante e diuturnamente, reinventarem-se em sua inteireza. É que, para existir nesta nova era, é mister conhecer uma máxima que foi citada por Charles Darwin que se encontra perfeitamente atual: "não é o mais forte que sobrevive, nem o mais inteligente. Quem sobrevive é o mais disposto à mudança". Nessa mesma linha de pensamento, a reinvenção passa por diversas ações. A começar pela reflexão constante sobre como sobreviver em caso de ameaças radicais, indagando-se constantemente o que pode aniquilar a empresa e buscando respostas rápidas e eficazes. Em segundo lugar, é extremamente necessário viver em estágio constante de esquizofrenia fecunda, rendosa e produtiva, que consiste no processo em que todos os colaboradores da companhia vivam e trabalhem no mais alto índice de estresse lucrativo. Em terceiro lugar, imperativo se faz que a empresa não prescinda da utilização de modelos ou sistemas modernos de gestão para a performance organizacional, especialmente o chamado Sistema da Responsabilidade Social Empresarial, que consiste em se nortear não apenas por indicadores tangíveis, mas, principalmente os intangíveis, como a preservação do meio ambiente, da cultura local, da utilização da ética empresarial, etc. Por fim, incentivar substancialmente os seus colaboradores a serem criativos e inovadores para que a companhia tenha uma alta performance.

CRIATIVIDADE: É neste mundo globalizado, tecnológico, digital e disruptivo que a criatividade dos indivíduos cada vez mais vem sendo requisitada. Hoje, ser criativo é pré-requisito em casa, na escola, no trabalho, no amor, na relação interpessoal, na criação dos filhos, enfim, na vida como um todo. Urge, portanto, que busquemos de todas as maneiras novas formas de pensar, de idealizar, de agir, de atuar, de criar, de realizar, de concretizar e de transformar.

E em que consiste a criatividade? De acordo com James Webb Young, ideias inovadoras acontecem quando a pessoa desenvolve novas combinações de elementos antigos. Para ele, o pensamento criativo não é sobre a geração de algo novo a partir de algo em branco, mas sim sobre pegar o que já existe e combinar esses elementos de uma forma que não tenha sido feita anteriormente. Se a pessoa puder formar um novo elo entre duas ideias antigas, ela fez algo criativo. Com efeito, para Young, ser criativo não é ser a primeira (ou única) pessoa a pensar em uma ideia, mas, consiste no ato de fazer novas conexões entre ideias antigas.

No contexto, frise-se que criatividade e inovação são conceitos inexoravelmente vinculados, entretanto, totalmente diferentes, mas, usualmente confundidos. A **criatividade** é o passo anterior à inovação. Ela começa com uma ideia, que, colocada em prática (ação), dá início ao processo de **inovação**. Com efeito, podemos dizer que a **criatividade** consiste no instrumento essencial da inovação, pois usar a criatividade para criar coisas e processos, nada mais é do que inovar. Por outro lado, inovação consiste na transformação de uma ideia em prática, ou seja, criatividade mais ação é igual a inovação.

Logo, importa registrar que a criatividade humana é ilimitada. Em todos os povos, tempo e espaço existem inúmeros exemplos de como os seres humanos foram capazes de criar para descobrir, proteger, defender, curar, libertar, superar, vencer, sobrepujar, enfim, para viver. Um exemplo secular para ilustrar nosso ponto de vista "foi o grande cavalo de madeira dado como presente pelos gregos.

Em seu interior, um exército pronto para invadir e dominar a cidade de Troia" (Marcus Tavares).

Com efeito, "a **criatividade** é uma das principais chaves para conseguir sobreviver num mundo caótico e de poucas oportunidades. Não é à toa que as livrarias oferecem livros de autoajuda que ensinam o caminho para potencializar a criatividade" (Marcus Tavares).

Não é exagerado dizer que a **criatividade** não é inerente nem inata ao ser humano, tampouco fruto de talento ou dom. Por mais que uns a tenham mais forte do que outros, todos têm plena capacidade de desenvolvê-la, o que se pode fazer e aprimorar com o passar do tempo desde que haja prática.

O século XXI será o século das criações e das mudanças. Nos últimos 50 anos, mais coisas foram criadas que nos últimos cinco mil anos. Nos próximos dez anos, mais coisas serão criadas e modificadas do que nos últimos 100 anos. Daí a importância de as empresas incentivarem os seus colaboradores em todos os seus departamentos a serem criativos, oferecendo, inclusive, premiações para os que mais se destacarem no segmento.

Para ilustrar a importância da criatividade, reproduzo uma história popular que faz menção ao uso da criatividade: um pequeno fazendeiro lá do sertão de Pernambuco resolve colher algumas frutas conhecidas como "pinhas" em sua propriedade. Pega um balde vazio e segue rumo às árvores frutíferas. No caminho, ao passar por um açude, ouve diversas vozes femininas. Por um instante, ele acha que algumas moças devem ter pulado a cerca e estão tomando banho no lago de sua propriedade. Quando chega ao local, observa algumas garotas tomando banho. Todas nuas. Quando elas percebem a presença masculina, todas nadam até a parte mais profunda do açude e gritam: "Nós não vamos sair daqui enquanto o senhor não deixar de nos espiar e for embora". O fazendeiro pensa. Repensa. Logo em seguida, responde: "Eu não vim aqui para espiar vocês não, moça... Eu só vim aqui alimentar os jacarés!". Qual a conclusão que se extrai dessa simples história? Qual o sentido dessa passagem? É que a criatividade é o que faz a diferença na hora de atingirmos os nossos objetivos mais rápida e facilmente.

INOVAÇÃO: Sobre o instituto da **inovação**, é alvissareiro ressaltar que "o melhor conceito de **'inovação'** é o que a define como 'execução de ideias', desde que essas criações, ao serem implementadas, de fato gerem valor para as pessoas" (Henrique Carvalho). Uma ideia original mais ação gera inovação, ou seja, criatividade, colocada em prática (ação) é igual a inovação.

Muita gente ou muitas empresas acreditam que inovação está ligada apenas à utilização de novas tecnologias ou ao uso de estratégias de comunicação. Ledo engano. A utilização de novas tecnologia ou de estratégias de comunicação constitui-se apenas em instrumentos ou aspectos de inovação.

Entretanto, a tecnologia, apesar de ser apenas um instrumento ou um aspecto da inovação, é um dos mais importantes. As empresas precisam evoluir tecnologicamente em virtude da Revolução Digital, ou Quarta Revolução Industrial em que estamos vivendo. Elas têm, necessariamente, que migrar para o mundo digital, sob pena de padecer da síndrome ou da doença da antiga empresa Kodak.

A inovação, hoje, é tão importante para a sobrevivência da empresa que muitas companhias já estão criando departamentos de inovação e direcionando um percentual da receita líquida para investir nesse setor, como sempre fizeram em relação à publicidade. Como exemplo, citamos o setor químico, petroquímico e farmacêutico, que já gasta cerca de 3,8% da receita líquida em inovação. Por outro lado, grande parte das empresas de serviço, incluindo as educacionais, também já está gastando cerca de 2% da receita líquida com inovação, o que mostra que está havendo uma mudança radical de tendência.

Nesse contexto, embora o Brasil esteja entre as dez maiores economias do mundo, e seja a maior economia da América Latina e Caribe, do ponto de vista tecnológico, ocupa uma posição muito modesta na lista dos países mais inovadores do mundo. Enquanto a Suíça é considerada o país mais inovador do mundo, situando-se em primeiro lugar por sete anos seguidos, o Brasil ocupa a 69ª posição, atrás de todas as economias emergentes, como China, Turquia, México, Índia e África do Sul, de acordo com o Índice Global de Inovação (IGI), por meio de estudo realizado pela universidade de Cornell, dos Estados Unidos, em parceria com a Organização Mundial da Propriedade Intelectual (OMPI ou, em inglês, Wipo) e que avalia o grau de inovação de 127 nações. Mesmo entre os dezoito países da América Latina, que tem o Chile em primeira colocação (46ª no mundo), e a Costa Rica em segundo (53º no mundo), o Brasil está posicionado apenas na sétima colocação.

Com efeito, "a inovação é um requisito primordial para uma sociedade sustentável. É uma questão imperativa para o Brasil se destacar como fator de competitividade" (Paulo Afonso, vice-presidente da Confederação Nacional da Indústria). Nesse mesmo sentido, "a inovação é o grande caminho para uma revolução produtiva" (Afif Domingos, presidente do Sebrae).

Apesar de o Brasil ter empresas líderes em inovação tecnológica, como a fabricante de aviões Embraer, considerada a empresa mais inovadora do Brasil na lista das 150 mais do anuário Valor Inovação Brasil de 2017, os recursos da União destinados a esse setor são baixíssimos, além de faltar um planejamento eficiente e eficaz do Governo Federal para promover a pesquisa da ciência e da tecnologia.

Apenas para ilustrar, é importante ressaltar que, antes do início do ex-governo de Michel Temer, o Brasil já gastava pouquíssimo com inovação, ciência e tecnologia. Apenas cerca de 1% do PIB, que equivalia a cerca de R$ 5,8 bilhões. Esses recursos eram direcionados para o Ministério da Ciência, Tecnologia e Inovação. Na era Temer, além de haver uma fusão desse ministério com o das Comunicações, houve diminuição radical do orçamento para apenas R$ 3,2 bilhões, sendo que, R$ 700 milhões foram direcionados para o antigo Ministério das Comunicações, sobrando apenas R$ 2,5 bilhões para o de Ciência e Tecnologia, profundamente discrepante de países como os Estados Unidos, que gastam cerca de 2,7% do PIB; a China, também nesse patamar; e a União Europeia, com gasto de aproximadamente 3%.

O governo deveria lembrar que o orçamento para a Inovação, Ciência e Tecnologia deve ser considerado como investimento, jamais como gasto. Nesse contexto, é urgente que os governantes tomem medidas radicais para melhorar a capacidade do país nesses segmentos, sob pena de as empresas brasileiras serem profundamente penalizadas e não terem capacidade de competir em uma economia global.

É que as empresas que não conseguiram se reinventar e inovar e sucumbiram, faliram, ou foram engolidas ou incorporadas por outras, porquanto as fórmulas e os segredos de gestão de sucesso do passado se tornaram obsoletos e cederam às mudanças radicais do presente, pois não servem mais para o mundo globalizado, tecnológico, digital e disruptivo. Empresas que, no passado, foram exemplos de uma gestão bem-sucedida quebraram ou foram incorporadas por outras. Citamos como exemplos as seguintes: Atari, que era líder mundial em games até os anos 1980 e quebrou em 2013, pois não conseguiu concorrer com a Nintendo; Polaroid, que era ícone no passado, foi à falência, pois não tem mais sentido carregar um grande equipamento para imprimir fotos na hora quando os smartphones fazem tudo; Blockbuster, rede americana de locadoras de vídeo, quebrou com a chegada da Netflix por não acompanhar a evolução tecnológica do mercado audiovisual para streaming; Kodak, empresa que popularizou a fotografia no mundo, quebrou em 2012, com o advento da fotografia digital, dando origem ao brocardo "síndrome da Kodak", em referência às empresas que não conseguem acompanhar a revolução tecnológica e vão à falência.

Feitas essas considerações, é importante lembrar que, nos dias de hoje, a inovação não é apenas um diferencial da empresa, uma vantagem, mas é considerada uma questão de sobrevivência, uma das condições para permanecer no jogo competitivo e até mesmo a única fórmula de sobreviver. Com efeito, na atualidade, é imprescindível que a inovação esteja no DNA e na cultura da empresa, sob pena de ela chegar à falência, ou ser vendida para outra inovadora.

Entrementes, como já asseverado, inovação não consiste apenas em utilizar tecnologias modernas. Inovar no empreendedorismo, ou inovação empresarial, é muito mais que isso. É um modelo ou um sistema de gestão que consiste na forma rápida e eficaz de constatar os desejos, os desafios, as demandas e as necessidades apresentadas pelos clientes, atuais e potenciais, e, com a utilização de todos os instrumentos legais e todos os meios eticamente lícitos, principalmente o tecnológico, solucioná-los, equacioná-los e superá-los de forma útil, econômica, efetiva, célere, surpreendente e encantadora. Ou seja, inovar hoje é prestar atenção e escutar os clientes, identificar suas necessidades e desejos e atendê-los de forma surpreendente e encantadora por meio de todos os meios lícitos e legais utilizados no mundo do empreendedorismo. Daí a necessidade de valorizar e motivar o capital humano, as cabeças pensantes, o capital intelectual, único capaz de inovar.

Não podemos esquecer que, numa sociedade altamente conectada como a nossa, as relações de consumo têm mudado substancialmente e de forma bastante acelerada nas últimas décadas. Se, antes, para adquirir qualquer coisa, era necessário ir a uma loja; e, posteriormente, vieram as vendas por telefone; hoje, grande parte das transações é feita pela internet. Acontece que essas relações de consumo – e o próprio relacionamento das marcas com seus clientes – têm sofrido alterações não mais por causa das tecnologias (ao menos não diretamente), mas por mudanças no próprio perfil do público consumidor.

O mercado precisa se adequar às gerações atuais como clientes, principalmente a Z, ou centennials. Isso porque esse público está acostumado com a liberdade e as possibilidades de experiência personalizada que o ambiente digital oferece e leva isso para todas as suas relações, inclusive as de consumo. Tudo precisa ser fácil, prático, rápido – instantâneo, até – e do jeito que eles querem, não como as marcas querem oferecer. Apesar de serem muito jovens, muitos ainda sem poder de consumo, são eles o futuro do mercado e os que possuem mais influência.

Esse novo panorama exige das empresas, principalmente, investimento na inovação. É preciso cativar o cliente de forma cada vez mais especial e diferenciada. Isso porque, no mundo multiconectado, você pode comprar o mesmo produto de uma empresa local ou de uma do outro lado do globo. Os fatores decisivos serão detalhes que farão a oferta mais atraente para cada cliente. Daí a importância de estar conectado com a clientela, analisando constante e reiteradamente as tendências de consumo, as necessidades do público-alvo, para atendê-las de forma inovadora e criativa. É preciso, mais do que nunca, ser "amigo" do seu cliente, criar laços, intimidade, entusiasmá-lo e encantá-lo.

O mundo tem mudado cada vez mais rápido. O mercado, então, ganha novas "regras" constantemente e a tendência é que esse movimento se identifique com as próximas gerações. Cabe às marcas saberem acompanhar essa evolução e oferecerem produtos e serviços sempre atrativos, diferenciados e personalizados. A pena para quem não perceber esse novo movimento e não se adequar (ou ditar a próxima tendência) é, inevitavelmente, a falência.

E, para surpreender e encantar o cliente, seja de qualquer geração, com responsabilidades redobradas, estão na linha de frente das empresas os seus respectivos colaboradores, que devem estar altamente motivados. É que, segundo Carlos Glosn, ex-presidente mundial da Renault, uma das principais coisas que fazem a diferença é a motivação. Se a pessoa perder a motivação, aos poucos, perde tudo. Uma empresa nunca quebra hoje. Quebra cinco anos antes. Não é a falência financeira, é a falência motivacional. Os motivados enxergam oportunidades nas dificuldades, os desmotivados enxergam dificuldade nas oportunidades.

CONCLUSÕES: Feitas essas considerações, eu gostaria de despertar a seguinte reflexão: como você imagina que serão seus hábitos daqui a cinco anos?

Parece muito tempo, mas quando se trata de transformação "disruptiva", importa asseverar que as coisas acontecem em um ritmo muito acelerado. Exemplificando, posso trazer à baila de maneira assertiva, ágil e eficiente um breve mapeamento de como o cotidiano está sendo vivenciado. Hoje, o sujeito pega um Uber, segue para o seu destino e no trajeto é possível checar como está o trânsito e o tempo total para concluir a viagem. Neste mesmo percurso, ele pode resolver problemas, gerenciar crises ou participar de uma reunião mexendo apenas no WhatsApp. Se deseja encontrar um estabelecimento que não conhece, basta procurar no Google e isso logo é resolvido. Caso sinta fome enquanto assiste a um documentário na Netflix, abre o Rappi e o assunto já está resolvido. Sem falar na possibilidade de ler um livro da Amazon, procurar uma hospedagem para o final de semana no Airbnb, checar a previsão do tempo e ainda fazer uma transação bancária pelo celular, tudo isso sem sair do lugar e ouvindo a playlist favorita no Spotify. Percebe como tudo está cada vez mais acessível e prático? E o mais curioso é que isso tudo parecia ser impossível de existir há pouco tempo. Então, independentemente de ter uma empresa ou não, os indivíduos, enquanto parcela integrante da sociedade, serão afetados radicalmente pelos resultados das ações inovadoras colocadas em prática.

Esses meros exemplos citados anteriormente provam o quanto ideias inovadoras, quando executadas, são capazes de revolucionar todos os setores, incluindo a melhoria de vida das pessoas e o desenvolvimento sustentável dos países. Dessa forma, se faz necessário entender que a regra que impera agora é a que o mercado se inventa e reinventa em uma rapidez incomensurável, pois, basta um piscar de olhos, tudo pode ficar obsoleto, afinal, a roda da inovação está girando em um ritmo extremamente acelerado. Da noite para o dia uma empresa pode fechar as portas simplesmente porque foi criado um negócio similar ainda mais inovador e que pode ter sido inventado em uma garagem de uma casa.

Tudo tem se transformado e as inovações tecnológicas estão mudando totalmente a trilha do futuro. O que vem pela frente não envolve apenas os grandes feitos das revoluções Agrária, Industrial e da Informação. Nós já estamos além. Estamos migrando para a sociedade 5.0, que também pode ser classificada como a sociedade superinteligente que, por meio da inteligência artificial, automação, robótica, carros autônomos, cidades inteligentes, aprendizado virtual e tantas outras coisas são capazes de revolucionar tudo o que já conhecemos até hoje e a nossa maneira de pensar e de agir.

Mas, talvez, você esteja se perguntando: como desenvolver as culturas da criatividade e da inovação e se adequar a elas, já que isso parece ser coisa apenas de quem domina o campo das Ciências Exatas. Para deixar bem definido, é importante memorizar que inovação não consiste apenas na utilização de tecnologias modernas. Inovação consiste em um novo modelo de existir para as pessoas físicas e também de gestão para as pessoas jurídicas em que os atores devem utilizar ideais, ações e metodologias eficientes para o desenvolvimento humano e organizacional que tem o condão de gerar benefícios para toda a sociedade. Se observarmos, as empresas do topo da pirâmide econômica, como é o caso da Amazon, Apple, Google, Facebook, Samsung, Microsoft, e muitas outras, estão lá não apenas porque se apropriam de recursos tecnológicos modernos, mas sobretudo porque possuem uma cultura organizacional que incentiva a criatividade e a inovação para o desenvolvimento humano e organizacional. Agora, para ser inovador, é preciso, antes de tudo, vencer o medo, apostar no novo, explorar ideias, ser proativo e superar todas as fronteiras para materializá-las. É preciso pensar diferente, agir diferente, ser diferente.

Quem mais consegue se diferenciar tem mais chance de ter sucesso e progredir. O que não pode é insistir em modelos tradicionais que não atentam para os novos pleitos do cotidiano e do mercado. A "disrupção" estará sempre presente na realidade da nova economia ou sociedade superinteligente. Se, antes, uma empresa dependia das demandas do mercado, hoje ela própria cria necessidades e demandas. Nessa nova era, pessoas ou empresas que não inovam correm grande risco de ficar para trás na competição global. Afinal, estamos permanentemente conectados e o ambiente digital tornou-se parte do dia a dia. Quem não se utiliza desse meio e de infinitas outras possibilidades acaba se restringindo e não consegue alcançar o almejado. Essa característica volátil e mutável do cotidiano e do mercado se reflete na forma como as pessoas e empresas se comportam atualmente. Hoje, os negócios têm tempos de vida mais curtos – de três a cinco anos. Logo, é preciso se reinventar diuturnamente e adaptar-se às novas realidades que se apresentam a cada momento. É um trabalho árduo e complicado, que requer muita atenção ao público e ao mercado, mas necessário para quem quer sobreviver. Em suma, a nova economia ou sociedade superinteligente exige muito mais dedicação das pessoas, dos empreendedores e empresários para que suas vidas e companhias se mantenham competitivas. Quer saber como lidar com isso? Não seja resistente as grandes revoluções da realidade premente e absorva a ideia de que quando se trata de inovação, sempre será tarde para começar.

O perfil da geração Centennials*

Antigamente, as gerações eram classificadas a cada 25 anos. Hoje em dia, no entanto, as coisas mudam cada vez mais rápido. A geração Z, também conhecida por Gen Z, iGeneration, plurais ou centennial, é aquela constituída por pessoas que nasceram durante o advento da internet e já não conseguem imaginar viver num mundo onde todas as coisas não estejam conectadas num ambiente on-line e com troca de informações em tempo real.

Estamos falando de uma geração hipercognitiva, capaz de viver múltiplas realidades, presenciais e digitais, ao mesmo tempo. É a geração que compreende o funcionamento das ferramentas melhor do que qualquer outra. Tudo isso, graças à tecnologia, que permite que os jovens vivam realidades diferentes e absorvam grande complexidade de informações. Ao contrário da geração Y, o uso intenso de aplicativos e da tecnologia que contornam problemas cotidianos, os membros da geração Z estão habilitados a eliminar fatores imprevisíveis do dia a dia.

Para essa geração prever, antecipar e simplificar são imperativos. Esses jovens são realistas ao extremo, práticos e estão em busca de satisfazer suas necessidades financeiras e obter enriquecimento pessoal, seja no campo emocional, sensorial ou ambos. São adeptos do pensamento lógico, autodidatas e responsáveis. Se pensarmos na

----

* Publicado em: *Blog ABMESEduca*, 16 jul. 2018; *Parnaíba em Nota*, 23 jul. 2018; *Blog do Patrício Nunes*, 23 jul. 2018; *Blog do Mario Pires*, 23 jul. 2018; *Convocação Geral*, 23 jul. 2018; *Jornal da Cidade*, 25 jul. 2018; *Portal Jaguarari*, 24 jul. 2018; *O Estado do Maranhão*, 30 jul. 2018; *O Imparcial*, 31 jul. 2018; *Fatos PB*, 2 jul. 2018.

carreira profissional, são desconfiados, pois não acreditam na ideia de exercer apenas uma função pelo resto da vida.

As principais características da geração Z são: responsabilidade social, ansiedade extrema, menos relações sociais, desapego das fronteiras geográficas e a necessidade de exposição de opinião. Vale lembrar que, além de ligados em tecnologia, eles são contestadores vigorosos, não ligam para definições de gênero, idade ou classe. São ativistas, compassivos e levam consigo a ferramenta do diálogo. Como consequência, essa é uma geração que busca a verdade para o consumo.

E nesse caminho, todos precisam se adaptar. O comportamento tanto dos jovens quanto das organizações está em constante mudança e evolução. As empresas precisam estar atentas e ter flexibilidade para alinhar suas práticas e programas para estarem sempre atualizadas, colaborando na retenção e no desenvolvimento de futuros talentos. Esse é também o desafio das instituições de ensino: formar o aluno com a visão de um profissional versátil e conectado.

Geração Z*

Durante anos, a Sociologia apontava o surgimento de novas gerações a cada 25 anos. Entretanto, com a velocidade das mudanças ocorridas na sociedade, falar de novas gerações a cada quarto de século é comparável, praticamente, há um século. Assim, estima-se que novas classes de gerações surjam a cada 10 anos, implicando diretamente na forma como as pessoas agem, consomem e gerenciam suas vidas.

A geração Z foi usada para definir as pessoas nascidas na década de 1990 até o ano de 2010, sucedendo a geração Y e extremamente vinculada à expansão da internet e o *boom* da criação dos aparelhos tecnológicos. A maior característica dessa geração é a conectividade e as inúmeras opções de compartilhamento de arquivos e informações, seja através de televisão, internet, telefone etc.

Os integrantes dessa geração nunca viram o mundo sem computador. Fica mais fácil entender se pensarmos da seguinte forma: a geração X viu o nascimento da internet. A geração Y surgiu na época dos avanços tecnológicos e da prosperidade econômica. As crianças da geração Y cresceram com TV a cabo, videogames, computadores, vários tipos de jogos e muito mais, tendo o que muitos de seus pais não tiveram. Já a geração Z aparece em uma época onde tudo está disponível na internet, de forma fácil e simples.

Podemos então afirmar que esta é uma geração evoluída, madura e com objetivos bem definidos? Não. O mundo dos que integram a geração Z é tecnológico e virtual e, por vezes, os jovens que a integram

---

* Publicado em: *Jornal Grande Bahia*, 26 fev. 2017; *Blog do Ramon Paixão*, 22 fev. 2017; *LeiaJá*, 15 fev. 2017.

não conseguem distinguir a diferença entre o real e o virtual, o que acaba prejudicando o desenvolvimento de habilidades como o relacionamento interpessoal e a capacidade de ser um ouvinte.

As dificuldades não param por aí. Se a geração Y acreditava em construir carreira e estudos formais, a geração Z chega desconfiada a esse assunto. Segundo especialistas, isso é justificado pelo fácil acesso às informações, que acaba trazendo muito conteúdo para os jovens, porém pouca especialização em um determinado assunto.

Se a geração Y, por ter esse contato todo com a tecnologia, acabou ficando conhecida por ser composta por pessoas folgadas, distraídas, insubordinadas e superficiais, a geração Z traz consigo a transparência, a facilidade com que produzem conteúdo, a criatividade e a inclinação para se envolver em causas sociais.

O que as empresas e o mercado de trabalho esperam dos profissionais dessa nova geração? O mercado está mutável, exigindo profissionais, cada vez mais, preparados e que trabalhem com diversas atividades. Há uma tendência de que sejam futuros profissionais com abordagem mais generalista, mas com o perfil multitarefa.

O comportamento tanto dos jovens quanto das organizações está em constante mudança e evolução. As empresas precisam estar atentas e ter flexibilidade para alinhar suas práticas e programas para estarem sempre atualizadas, colaborando na retenção e no desenvolvimento de futuros talentos. Este é também o desafio das instituições de ensino: formar o aluno com a visão de um profissional versátil.

Ideia, criatividade e ação = inovação*

O mundo dos negócios está mudando cada vez mais rápido. Todos os dias são criadas milhares de novas empresas, que oferecem produtos e serviços para os clientes em potencial. Se destacar nesse mercado é cada vez mais difícil, e características como preço e qualidade não podem ser consideradas como únicos pontos de diferenciação dos concorrentes.

A inovação tem sido um tema bastante debatido e explorado como ponto fundamental de sobrevivência nesse novo mercado. Inovar é uma coisa simples, mas as pessoas tendem a complicar quando ligam inovação às melhores ideias e com a finalidade de ter novos produtos ou serviços. Inovar é ter novas ideias, mas é também ter soluções novas ou melhores do que as disponíveis no mercado. Inovar é agregar valor ao produto ou serviço, entregando melhores experiências aos clientes e gerando ganhos excepcionais para o negócio.

Ser criativo faz parte do processo de inovação, mas criatividade e inovação são conceitos completamente diferentes. Todos nós somos altamente capazes de ter uma enorme quantidade de ideias. A diferença está no que você será capaz de fazer com cada uma delas. A criatividade é o primeiro passo da inovação. Afinal, ideia sem ação não gera resultados e não torna ninguém bem-sucedido.

Particularmente, acredito que o melhor conceito que define inovação é "executar ideias". Não precisam ser ideias que vão mudar o mundo, mas ideias que sejam capazes de agregar valor ao negócio.

---

* Publicado em: *Blog ABMESEduca*, 11 mar. 2019; *Diário do Comércio*, 22 mar. 2019; *Somos Notícia*, 21 mar. 2019; *Blog do Patrício Nunes*, 25 mar. 2019; *Interior PE Notícias*, 25 mar. 2019; *Blog da Josélia*, 26 mar. 2019.

Ou seja, uma ideia inovadora é aquela que apresenta benefícios na prática. O grande desafio dos empreendedores é encontrar a criatividade e a inovação de forma que se materializem em uma proposta viável e útil.

Todo o processo de inovação inicia-se de um processo criativo e, para desenvolver o pensamento criativo, é preciso aprender a desaprender. Ou seja, inovar é, por consequência, rever, questionar, descobrir e, posteriormente, usar a imaginação, a intuição, a criação, o sentimento, a lógica, a razão, a sistematização e o planejamento.

Vivemos num mundo de mudanças, aprimoramento, riscos e oportunidades. Muitos falam que é preciso pensar fora da caixa para sobreviver, porém, muitos não sabem por onde começar. Ora, pensar fora da caixa é uma expressão que pode ser entendida simplesmente como ter ideias ou encontrar soluções que fogem do comum – ou seja, inovar.

Em um mercado tão competitivo, apenas as empresas que conseguem ter ideias e mostrar propostas inovadoras serão bem-sucedidas e conseguirão conquistar o público. Ter novas ideias, criatividade e coragem para agir consagram o que chamamos de inovação, são características inerentes aos empreendedores de sucesso.

Inovação = criatividade + disciplina*

O que vem à sua mente quando você pensa em inovação? A grande maioria das pessoas vai pensar em mudanças. Entretanto, quando relacionamos inovação às empresas, a inovação precisa ser uma cultura que começa com processos claros, ferramentas eficientes e um time multidisciplinar.

É importante começarmos esclarecendo que inovação e criatividade não são a mesma coisa. Criatividade é pensar coisas novas e inovação é fazer coisas novas. Inovação é a implementação de um novo ou significativamente melhorado produto, serviço, processo de trabalho ou prática de relacionamento entre pessoas, grupos ou organizações.

Inovar implica relacionar várias coisas, entre elas a criatividade e a disciplina. Isso fará com que as organizações se transformem em fábricas de ideias. Mister se faz entender que o mundo e a sociedade têm mudado muito rápido e acompanhar essa evolução não é apenas desejável, mas uma questão de sobrevivência para os negócios.

Desde a infância, somos treinados para deixar de lado nossa criatividade e intuição, nos enquadrando em uma visão rotineira e convencional das coisas. Mas, sob o ponto de vista de alguns escritores e cientistas, para sermos criativos, é necessário "desaprender" grande parte do condicionamento imposto sobre nós desde nosso nascimento e reaprender tudo e o que é exigido pela nova sociedade.

---

* Publicado em: *Somos Notícia*, 21 nov. 2018; *Blog ABMESEduca*, 19 nov. 2018, *Blog do Patrício Nunes*, 22 nov. 2018; *Parnaíba em Nota*, 21 nov. 2018; *Blog do Mario Pires*, 21 nov. 2018; *O Imparcial*, 24 nov. 2018.

Criatividade é essencial, porém, na etapa de planejamento. Já a disciplina é necessária em todo o processo e deve ser reforçada rotineiramente. Para entender, basta pensar em quantos incidentes ocorreram apenas porque as pessoas deixam para usar a criatividade no momento da execução de um determinado procedimento.

A inovação como resultado da combinação entre criatividade e disciplina é um modelo de negócio de longo prazo, que precisa ser duradouro e sustentável. Não se trata apenas de gerar novos produtos e/ou negócios, mas, sim, de uma nova cultura de base. A inovação tem como foco principal satisfazer clientes, combinando visão, estratégias, princípios, processos, tecnologias, disciplina, atributos e, principalmente, pessoas.

Como empreendedores e gestores, precisamos entender que a inovação não pode ser tratada como algo acidental, mas, sim, como o resultado de princípios e práticas que auxiliam na combinação de tecnologia e criatividade para satisfazer as necessidades dos clientes. A concorrência de mercado já não respeita as fronteiras físicas e uma inovação disruptiva pode acontecer a qualquer momento, mudando toda a história de um empreendimento.

A inovação que parte de dentro*

Não é mais novidade para ninguém que vivemos uma sociedade digital. Os avanços tecnológicos das últimas décadas – principalmente dos anos 2000 para cá – mostraram a capacidade humana de criar, desenvolver novos produtos, processos e técnicas. Tudo isso nos trouxe à sociedade disruptiva que se apresenta atualmente. Essa nova realidade trouxe consigo um cenário muito mais competitivo às empresas, visto que o acesso à tecnologia está muito mais facilitado, o que torna as possibilidades de inovação maiores. E é justamente a inovação que torna as companhias mais competitivas.

Para que isso se concretize, não basta oferecer produtos ou serviços considerados disruptivos ou inovadores. É claro que eles são o principal atrativo do público para a empresa. Porém, além de ter uma imagem moderna e inovadora, a empresa precisa ter em seu interior uma mentalidade voltada para as transformações digitais que vêm ocorrendo. É preciso criar uma cultura digital, inovadora, disruptiva.

Colaboradores não devem mais se limitar à mera realização de suas tarefas diárias. É sempre bom, também, que passem a refletir sobre os processos que executam, a maneira como desenvolvem seu trabalho e a relação entre os esforços empreendidos e o resultado que se alcança. Pensando assim, é possível propor inovações, mudanças, melhorias internas. Essas alterações podem ser benéficas

----

* Publicado em: *Blog ABMESEduca*, 22 out. 2018; *Diário do Comércio*, 1º nov. 2018; *Blog do Patrício Nunes*, 1º nov. 2018; *Blog do Mario Pires*, 31 out. 2018; *Somos Notícia*, 31 out. 2018; *Parnaíba em Nota*, 31 out. 2018; *Interior PE Notícias*, 5 nov. 2018; *Jornal do Commercio*, 7 nov. 2018; *A União*, 26 dez. 2018.

para os próprios funcionários, que passam a desempenhar suas funções de forma mais eficaz e até fácil.

Essas melhorias promovidas no ambiente interno da empresa podem acabar se refletindo na relação com o público: no atendimento, na prestação de serviço ou mesmo nos produtos oferecidos. É importante que as empresas incentivem esse pensamento inovador entre seus colaboradores, pois são eles que têm real noção dos gargalos e entraves que ocorrem no dia a dia e podem propor soluções que melhorem seus trabalhos e, consequentemente, o ambiente laboral como um todo.

Educar para inovar*

Um dos termos mais citados nos campos de economia, mercado de trabalho e negócios é a inovação. Parece uma "nova" palavra mágica, centro de todo o pensamento moderno. Empresas buscam inovação, profissionais precisam inovar, países investem em ideias inovadoras. Temos toda essa consciência lá na frente, mas, um pouco mais atrás, no campo da educação, o pensamento inovador ainda não é valorizado e disseminado como deveria.

Reflexo disso é que o país ainda está muito longe de níveis bons de inovação. O Índice Global de Inovação colocou o Brasil, em 2018, na 64ª posição de 126 países – um patamar muito aquém do potencial que temos, dado o tamanho do país e a inventividade da população. Creio que muito dessa "responsabilidade" está no fato de não estimularmos adequadamente o pensamento inovador desde a escola. É bem verdade que, hoje, já vemos colégios que introduzem disciplinas como empreendedorismo, inovação e finanças em seus currículos acadêmicos, mas ainda é um percentual pequeno dentro do universo da educação básica nacional.

Quem sabe quantas mentes potencialmente inovadoras não se perdem por aí apenas por não serem estimuladas, desenvolvidas? Quantos gênios e possíveis líderes de sucesso deixam de brilhar por não terem a oportunidade e o incentivo necessários desde cedo? Há décadas é dito que o Brasil é "o país do futuro", e esse futuro nunca

---

* Publicado em: *Blog ABMESEduca,* 12 nov. 2018; *Blog Edenevaldo Alves,* 18 nov. 2018; *Blog do Coronel,* 18 nov. 2018; *Blog do Mario Pires,* 16 nov. 2018; *Blog do Patrício Nunes,* 16 nov. 2018; *Parnaíba em Nota,* 16 nov. 2018; *Jornal da Cidade,* 20 nov. 2018; *Diário do Comércio,* 20 nov. 2018; *Convocação Geral,* 19 nov. 2018; *O Imparcial,* 20 nov. 2018; *Gazeta de São João Del-Rei,* 24 nov. 2018.

chegou. Talvez, porque não o preparamos. São essas mentes que estão nos colégios hoje que serão o futuro e, portanto, precisam ser desenvolvidas agora, sob pena de, lá na frente, não darem os mesmos frutos que poderiam.

Muito se fala em políticas públicas, muito é cobrado do Governo – que, sim, deve fazer sua parte, estimulando o pensamento inovador nas escolas públicas –, mas também cabe à iniciativa privada adotar um currículo escolar modernizado, alinhado com as necessidades da sociedade digital em que vivemos, em que tudo muda tão rápido e novas coisas surgem a cada instante. É preciso que nossas crianças e nossos adolescentes cheguem à vida adulta preparados para serem inovadores. Afinal, essa qualidade não é mais um diferencial, e sim uma obrigação para quem quer ter sucesso na vida.

Cultura de inovação tem que vir de berço*

Muito se fala, hoje, da necessidade de inovar. Empresas são cobradas a serem diferentes. Dos funcionários, é exigido "pensar fora da caixa". E nada disso é injusto, diga-se a verdade. É realmente preciso que se criem novas soluções, produtos e serviços. O problema é que os profissionais do mercado de trabalho atual – e os que estão para entrar nele – ainda não estão preparados como deveriam para essa nova realidade. Ainda não há, no Brasil, uma cultura de estímulo à inovação estruturada desde a infância, por exemplo.

Para termos profissionais com pensamento realmente disruptivo, é necessário nutri-los muito antes da entrada no mercado de trabalho ou mesmo no Ensino Superior. Essa é uma prática que deve vir da Educação Básica. Até antes disso: de casa. Pais podem e devem estimular seus filhos, desde a mais precoce idade, a pensar diferente, encontrar novas formas de resolverem tarefas, mesmo que simples. Esse incentivo vai condicionando o cérebro da criança, que poderá se tornar, mais tarde, um adulto com raciocínio mais inovador.

Isso aliado a práticas pedagógicas que também desenvolvam habilidades inovadoras. O modelo de ensino atual ainda é arcaico, alicerçado na transmissão de informações, e não no conhecimento expandido; na preparação para a realização de provas, em vez de capacitação para os problemas da vida. Considero de grande valia que as escolas e as universidades adotem metodologias que permitam

---

* Publicado em: *Blog ABMESEduca*, 25 fev. 2019; *Blog do B. Silva*, 26 fev. 2019; *Blog do Mario Pires*, 26 fev. 2019; *Blog do Patrício Nunes*, 26 fev. 2019; *Portal Cearensidade*, 26 fev. 2019; *Somos Notícia*, 26 fev. 2019; *Jornal União*, 28 fev. 2019; *Criativa On Line*, 28 fev. 2019; *Blog do Ramon Paixão*, 1º mar. 2019; *Folha Blu*, 2 mar. 2019.

uma formação mais completa e em linha com as necessidades da sociedade moderna, digital e altamente mutável.

As novas gerações precisam crescer já antenadas com novas tendências e, mais que isso, precisam ser, elas próprias, criadoras de tendências, a partir de uma visão de mundo mais aberta e inovadora. Os centennials, como são chamados os nascidos a partir dos anos 2000, já vieram ao mundo em uma realidade digital e precisam ser impulsionados a se utilizarem dos recursos que a tecnologia oferta para a criação de produtos e serviços diferenciados.

Esse estímulo precoce à inovação só tende a trazer benefícios. Primeiro para os indivíduos, que poderão desenvolver habilidades e garantir a trabalhabilidade no futuro, além de terem sua capacidade inventiva e de raciocínio expandida. Também as organizações saem ganhando, por receberem funcionários que podem colaborar com a inovação empresarial e gerar novas oportunidades de negócio. No fim das contas, toda a sociedade sai ganhando.

A importância de inovar nas empresas*

O mundo tem mudado cada vez mais rápido. Acompanhar essas tendências já não é mais opção, é questão de sobrevivência. A lista das empresas que se recusaram a inovar para acompanhar o mercado e acabaram declarando falência não é pequena e desconhecida. Blockbuster, Kodak, Xerox, Yahoo... todos esses nomes fizeram história no mercado mundial e acabaram sendo esquecidas por não entender a necessidade de inovar.

O primeiro passo para entender a inovação nas empresas é não pensar que ela está restrita apenas à uma nova gestão empresarial criativa. Mas que inovar também está ligado a ofertar serviços diferenciados, melhorar a produção, reinventar a distribuição, proceder a transformação digital em uma empresa já existente. Inovar é avançar com os negócios, é reinventar os processos, é identificar oportunidades, e é, inclusive, ganhar mais, gastando menos.

É um grave erro achar que apenas grandes empresas conseguem inovar. A inovação precisa ser característica tanto de pequenos quanto de grandes negócios. Empresas inovadoras pensam de dentro para fora, criando um capital intelectual, conversando com seus funcionários e enxergando problemas como oportunidades.

Podemos entender o processo de inovação de duas maneiras: emergente e disruptivo. Entendê-los é fácil. A inovação disruptiva

----

* Publicado em: *Blog ABMESEduca*, 7 mar. 2019; *Blog do Patrício Nunes*, 11 mar. 2019; *Pioneiro*, 18 mar. 2019; *Jornal Grande Bahia*, 21 mar. 2019; *Portal O Estado*, 20 mar. 2019; *Blog do Mario Pires*, 14 mar. 2019; *Criativa On Line*, 13 mar. 2019; *Blog da Alciane Ayres*, 12 mar. 2019; *Somos Notícia*, 12 mar. 2019; *Interior PE Notícias*, 12 mar. 2019; *Blog do Wagner Gil*, 25 fev. 2019; *Blog do B. Silva*, 14 mar. 2019; *Blog do Toinho*, 12 mar. 2019; *Convocação Geral*, 24 mar. 2019.

está diretamente ligada a fazer algo novo, do zero. É quando um produto, processo ou negócio nunca visto antes é criado e colocado em prática. Já a inovação emergente é aquela que traz a proposta e a garantia de melhorias de algo que já existe.

É importante ressaltar que o empreendedor não deve pensar em inovação como um custo para seu negócio. Não importa se a inovação é básica ou radical, o processo gera impactos e muitos resultados positivos além do lucro propriamente dito. Inovar traz, acima de qualquer coisa, visibilidade para o negócio.

Inovação virou um item tão imprescindível que há rankings de avaliação anuais para identificar as empresas mais inovadoras, como o Ranking Fast Company, que reúne as 50 empresas mais inovadoras e, em 2017, elegeu a Amazon como a mais inovadora – a empresa é focada em buscar melhorias na experiência dos clientes nas compras.

Inovar é, acima de qualquer coisa, questionar. A melhor forma de iniciar o processo de inovação é colocar-se no lugar do seu cliente e perguntar o que pode ser feito para melhorar o produto ou o serviço oferecido. É desafiar-se a fazer diferente e melhor. É buscar sempre o novo e saber que não há fórmula certa para o sucesso, mas que se adicionando criatividade com ação ao processo empreendedor, a inovação será uma constante.

As empresas não podem prescindir da inovação*

O que vem à sua mente quando você pensa em inovação? A grande maioria das pessoas vai pensar em mudanças. O conceito de inovação é bem variado e depende da sua aplicação. Mas, se pudermos definir de uma forma sucinta e clara, inovar é explorar, é fazer dar certo novas ideias.

Inovar é essencial para gerar vantagens competitivas e para a sustentabilidade das empresas. A inovação é capaz de agregar valor aos produtos de uma empresa diferenciando-a das outras existentes no mercado. Entretanto, quando relacionamos inovação às empresas, a inovação precisa ser uma cultura que começa com processos claros, ferramentas eficientes e um time multidisciplinar.

Também é importante dizer que a criatividade faz parte do processo de inovação dentro das empresas, porém, é preciso começar esclarecendo que inovação e criatividade não são a mesma coisa. Criatividade é pensar em coisas novas, e apenas pensar. Inovação é fazer coisas novas, é ação. Inovar é implementar algo completamente novo ou significativamente melhorado, seja um produto, serviço, processo de trabalho ou prática de relacionamento entre pessoas, grupos ou organizações.

Existem inúmeros motivos que fazem as empresas inovadoras serem tão bem-sucedidas. Basta pensarmos no que a Amazon, a Google e a Netflix têm em comum: elas são as que mais ouvem as opiniões dos seus clientes e, através disso, direcionam seus planos

---

* Publicado em: *Blog ABMESEduca*, 17 dez. 2018; *Blog do Patrício Nunes*, 20 dez. 2018; *Convocação Geral*, 20 dez. 2018; *Blog do Coronel*, 23 dez. 2018; *Blog Edenevaldo Alves*, 23 dez. 2018; *A União*, 25 dez. 2018.

de mudança. O nível de satisfação dos clientes com as empresas inovadoras é muito alto.

Inovar implica relacionar várias coisas, entre elas a criatividade e a disciplina. Isso fará com que as organizações se transformem em fábricas de ideias. Mister se faz entender que o mundo e a sociedade têm mudado muito rápido e acompanhar essa evolução não é apenas desejável, mas uma questão de sobrevivência para os negócios.

A criatividade é uma habilidade natural do ser humano. Quando crianças, todos somos criativos, curiosos e exploradores. Porém, ainda na infância, somos treinados para deixar de lado nossa criatividade e intuição, nos enquadrando em uma visão rotineira e convencional das coisas. Mas, sob o ponto de vista de alguns escritores e cientistas, para sermos criativos é necessário "desaprender" grande parte do condicionamento imposto sobre nós desde nosso nascimento e reaprender tudo e o que é exigido pela nova sociedade.

Para ter inovação bem-sucedida precisamos unir criatividade e disciplina. Criatividade é essencial, porém, na etapa de planejamento. Já a disciplina é necessária em todo o processo e deve ser reforçada rotineiramente. Para entender, basta pensar em quantos incidentes ocorrem nas empresas ao colocar um projeto em prática, apenas porque as pessoas deixam para usar a criatividade no momento da execução de um determinado procedimento.

A inovação como resultado da combinação entre criatividade e disciplina é um modelo de negócio de longo prazo, que se torna duradouro e sustentável. Não se trata apenas de gerar novos produtos e/ou negócios, mas, sim, de uma nova cultura de base. A inovação tem como foco principal satisfazer clientes, combinando visão, estratégias, princípios, processos, tecnologias, disciplina, atributos e principalmente pessoas. Enganam-se aqueles que pensam que a inovação fracassa por falta de criatividade. Inovação fracassa por falta de disciplina.

Entretanto, criatividade e inovação são conceitos completamente ligados. Apenas a criatividade não é suficiente para gerar um diferencial competitivo para as empresas. Ser criativo pode até trazer visibilidade, gerar bons resultados, mas nunca terá o mesmo impacto de ser inovador. Empresas inovadoras de verdade têm essa característica como premissa e criam uma cultura de inovação interna. Isso estimula os funcionários a pensarem diferente, propor novos processos e produtos e, eventualmente, pode levar ao surgimento de ofertas não existentes no mercado ou que tenham, de fato, diferenciais em relação à concorrência. Muitas empresas, no entanto, parecem ainda não ter entendido o real valor do estímulo à inovação como forma de alavancar um negócio.

Vivemos na era da geração Z, ou centennials. São os chamados nativos digitais, que já nasceram em um mundo tecnológico. Eles exigem cada vez mais ofertas personalizadas e criativas, que lhes surpreendam e deem liberdade de escolha para tudo. Se antes o consumidor devia se adaptar ao que era oferecido pelas marcas, hoje a situação se inverteu: as empresas precisam oferecer o que o público quer comprar. Nessa realidade, é imprescindível estar atento ao mercado e mesmo se antecipar às tendências. Daí a importância de investimentos cada vez mais fortes em inovação e criatividade.

Como empreendedores e gestores, precisamos entender que a inovação não pode ser tratada como algo acidental, mas, sim, como o resultado de princípios e práticas que auxiliam na combinação de tecnologia e criatividade para satisfazer as necessidades dos clientes. A concorrência de mercado já não respeita as fronteiras físicas e uma inovação disruptiva pode acontecer a qualquer momento, mudando toda a história de um empreendimento. Cabe a cada um decidir se quer ser o pioneiro ou apenas espectador de um mundo em constante transformação.

Ambientes de inovação*

Falar sobre inovação ainda é assustador para muitas pessoas e empresas. Claro que inovar não é fácil, mas também não pode ser tão difícil a ponto de ser evitado. O primeiro e maior obstáculo à inovação é o medo, de variadas formas, como aversão ao risco, por exemplo. Entretanto, verdade é que não inovar é um caminho sem volta para o fracasso.

Quando pensamos em inovação tecnológica, a primeira palavra que nos vem à cabeça são as startups, tão em moda nos últimos anos. Porém, não podemos restringir nosso olhar. Existem vários ambientes que são propícios à inovação e a proporcionam. Empresas, lugares e até programas que ajudam a quebrar as barreiras do medo e transformam pessoas e negócios. O ambiente não só influencia a empresa como costuma ser o causador das demandas de inovação. Afinal, grande parte das empresas precisa inovar em função da concorrência ou precisa se adequar às mudanças externas.

Com certeza você já ouviu falar de coworking, incubadoras, aceleradoras, parques tecnológicos e ambientes de inovação digital. O primeiro deles ganhou muita força no Brasil nos últimos anos, principalmente por apresentar resultados positivos de aumento de produtividade e inovação. No coworking, os escritórios coletivos permitem que pessoas de várias áreas trabalhem juntas e acabem trocando ideias e networking.

---

* Publicado em: *Blog ABMESEduca*, 4 fev. 2019; *Diário do Comércio*, 7 fev. 2019; *Somos Notícia*, 6 fev. 2019; *Parnaíba em Nota*, 6 fev. 2019; *Blog do Mário Pires*, 6 fev. 2019; *Blog do Patrício Nunes*, 6 fev. 2019; *Jornal Informa Digital*, 7 fev. 2019; *Blog do B. Silva*, 7 fev. 2019; *Blog do Wagner Gil*, 7 fev. 2019; *Interior PE Notícias*, 7 fev. 2019; *Bahia Política*, 9 fev. 2019; *Portal O Estado*, 8 fev. 2019; *A União*, 10 fev. 2019; *Criativa On Line*, 11 fev. 2019.

As incubadoras e aceleradoras passaram a ter visibilidade com o crescimento do mercado de startups. Nas incubadoras, os empreendedores recebem ajuda para iniciar seu projeto desde o princípio, dando suporte para formatar o negócio, gerir e ajudar o empreendedor a se posicionar no mercado.

As aceleradoras funcionam como um estágio após a incubação. Nesse caso, as aceleradoras estão focadas no desenvolvimento de startups, ou seja, quando sua ideia já está formatada, mas ainda não tem folego para se sustentar por conta própria. As aceleradoras trazem investimento financeiro às empresas, além de investimento em novos conteúdos, mentoria etc. Tudo para fazer com que o negócio possa se desenvolver.

Entretanto, pensando em um mundo on-line, também devemos falar dos ambientes de inovação digitais, que ajudam os empreendedores a desenvolver suas ideias através de grupos e fóruns de discussão, onde é possível não apenas realizar networking, mas descobrir soluções tecnológicas e serviços para quem precisa inovar.

Por fim, outro ambiente de inovação são os parques tecnológicos. Os parques são grandes centros de integração profissional que une diversas esferas de poder e conhecimento para desenvolver ideias. Normalmente, nesse ambiente, há seleção de empresas que trazem propostas de tecnologias viáveis para participar do programa.

O mais importante para registrar é que, seja on-line, no escritório ou em uma sala compartilhada, o importante é que o ambiente inovador é o lugar para quem quer desenvolver sua ideia, inovar e mostrar ao mundo seu negócio.

Burocracia contra a inovação*

Que o Brasil é o país da burocracia, isso não é novidade para ninguém. Todo mundo já sofreu com a lentidão e os entraves causados pelo excesso de exigências legais para fazer muitas coisas. Quando olhamos para o setor das startups, a burocracia tem barrado as empresas de se desenvolverem ou até mesmo de serem criadas. A chamada Lei do Bem, em atividade desde 2007 para incentivar o investimento em startups, apesar de bem-intencionada, atrapalha mais do que ajuda.

A legislação concede isenção fiscal a empresas privadas que investem em projetos de inovação em parceria com centros públicos de pesquisa. Acontece que, para obter o benefício, é necessário um esforço hercúleo por parte do empreendedor, o que acaba por desestimular a procura. Resumindo, são três etapas para a aprovação de um projeto dentro da Lei do Bem: aprovação por três instâncias, a começar pela gerência do laboratório público parceiro da iniciativa; validação por um comitê formado por membros dos ministérios da Educação, Ciência e Tecnologia, e Indústria, Comércio Exterior e Serviços; e, finalmente, comprovação à Capes de que o projeto não reduzirá a produção de artigos científicos, principal forma de avaliação de desempenho dos centros públicos de pesquisa.

Esse caminho pedregoso em nada ajuda um pequeno empreendedor que precisa de incentivo para desenvolver seu negócio inovador.

---

* Publicado em: *Blog ABMESEduca*; 27 ago. 2018; *Gazeta do Povo*, 8 set. 2018; *Blog do Wagner Gil*, 8 set. 2018; *Parnaíba em Nota*, 6 set. 2018; *Blog do Mario Pires*, 6 set. 2018; *Tribuna de Parnaíba*, 6 set. 2018; *O Imparcial*, 9 ago. 2018; *O Liberal*, 7 set. 2018; *Blog do Geraldo José*, 10 set. 2018; *Blog do Patrício Nunes*, 10 set. 2018; *Portal Jaguarari*, 11 set. 2018; *Pioneiro*, 22 out. 2018.

Para piorar, só podem requerer o incentivo empresas que recolhem impostos pelo sistema de lucro real, normalmente adotado apenas pelas grandes companhias. Ou seja, uma Lei do Bem que, no fim das contas, acaba fazendo mal ao ecossistema de inovação brasileiro. Não é à toa que o Brasil amarga péssimas colocações nos rankings mundiais de inovação.

Além das dificuldades econômicas já naturais às startups, um sistema burocrático que dificulta a abertura e o fechamento de empresas também mina as energias dos empreendedores. O setor vem pleiteando, principalmente, a simplificação tributária, o que já amenizaria o impacto da burocracia. Há uma proposta de novo marco regulatório para startups em tramitação no Congresso que prevê algumas mudanças e melhorias, mas ainda sem previsão de aprovação. Resta, então, aos pequenos empreendedores, continuar na luta, remando contra a maré, para fazer seus negócios prosperarem. Uma pena, pois poderíamos ter grandes negócios de sucesso no país, não fossem todas as forças contrárias impostas pelo poder público.

Inovação no setor público para diminuir os entraves da burocracia*

Falar em administração pública, no Brasil, é quase sempre falar em lentidão, morosidade, burocracia e entraves. É raro ver algum serviço que funcione de forma adequada. Reclamações não faltam; problemas, também. Apesar de vivermos em uma sociedade extremamente digital, o setor público ainda está preso a velhas tradições e regras do século passado, com processos arcaicos analógicos e sem o uso correto das novas tecnologias. A inovação, que deveria ser palavra de ordem, parece estar esquecida.

As demandas da população têm aumentado em número e diversidade, o que exige da gestão pública investimentos no desenvolvimento de novas soluções, que possam atender ao público de forma mais ágil, objetiva e econômica. Uma equação que pode ser complicada, mas necessária. Não se pode, no entanto, continuar agindo como 10, 20 anos atrás. É verdade que já vemos uma série de iniciativas para tornar o setor público mais célere e menos amarrado, mas ainda há muito a se fazer.

A quantidade de assinaturas, carimbos, cópias e autenticações exigidas para determinados processos chega a ser absurda. Some-se a isso a falta de compromisso de muitos servidores, protegidos pela estabilidade do serviço público, que não se preocupam de fato em prestar um bom serviço. Por isso, processos se acumulam em gabinetes, pessoas esperam anos por respostas e nada anda.

---

* Publicado em: *Blog ABMESEduca*, 10 dez. 2018; *Blog do Mário Flávio*, 12 dez. 2018; *O Estado do Maranhão*, 12 dez. 2018; *Blog do Patrício Nunes*, 12 dez. 2018; *Somos Notícia*, 12 dez. 2018.

Por que não, por exemplo, informatizar um órgão e transferir todos seus processos para o meio digital, em vez de exigir uma série de documentos impressos, copiados e reconhecidos em cartório – o que só gera gasto de tempo e dinheiro ao contribuinte? Isso é possível ao menos nos grandes centros, onde o acesso à tecnologia é mais disseminado, e ajuda a desentravar o andamento do setor.

Mas inovação não passa só por digitalização. É preciso que se criem processos otimizados, econômicos, com sistemas e produtos que facilitem a vida dos dois lados do balcão de atendimento. Um grande problema que vejo é a falta de gestores capacitados e voltados para a inovação. Se não há pessoas em cargos de liderança que têm um pensamento disruptivo, dificilmente o local promoverá inovações. E a inovação deveria ser uma prioridade da administração pública, uma vez que pode gerar economia para os cofres do erário.

Assim como a iniciativa privada, o serviço público também precisa estimular a inovação interna, partindo dos funcionários. Isso porque são os servidores que lidam mais diretamente com o atendimento ao público, por exemplo, que sentem mais as dificuldades. São eles que, se estimulados, podem sugerir mudanças, aperfeiçoamentos e inovações. Para isso, é preciso que esses trabalhadores sejam impelidos a pensarem fora da caixa e sair do piloto automático. Ter centros ou grupos de inovação pode ser uma saída para aplicar melhorias aos órgãos.

Fato é que, em pleno século XXI, não podemos mais ignorar os avanços tecnológicos nem as oportunidades que eles oferecem. Se queremos um setor público eficiente, é imprescindível que ele saia do lugar comum e comece a pensar em inovar, sempre. Mais do que pensar, é preciso colocar as ideias em prática.

Para inovar, atenção ao mercado*

Inovar não é um processo fácil, é verdade. É preciso pesquisa, esforço, dedicação, vontade, testes, várias interações, validações, mas, principalmente, atenção ao mercado, sob as ópticas da concorrência e do público. Uma empresa que quer sobreviver na conjuntura econômica e tecnológica atual precisa, de fato, manter constante estudo sobre as tendências que se apresentam no mercado, sob pena de ficar para trás e, em último caso, ir à falência.

O benchmarking é uma técnica já amplamente utilizada no âmbito empresarial. Consiste, grosso modo, na comparação que uma empresa faz de suas práticas, técnicas, produtos e serviços com os de uma concorrente, a fim de melhorar sua atuação. Acredito que essa deva ser uma conduta ainda mais presente no cenário atual.

É preciso saber o que a concorrência está fazendo, como está lidando com as demandas do mercado, que caminhos toma para atender às necessidades do público. Assim, é possível se aprimorar – e isso não tem a ver com cópia ou plágio. Uma organização que não acompanha a realidade de mercado em que está inserida fica ameaçada de perder espaço.

Estamos na chamada Quarta Revolução Industrial, marcada pelas tecnologias digitais. Nesse contexto, em que já há mais smartphones do que pessoas no mundo e vivemos conectados, com experiências personalizadas, o público é que define as tendências do mercado – o contrário do que acontecia no século passado. Não se

* Publicado em: *Blog ABMESEduca*, 11 fev. 2019; *Somos Notícia*, 14 fev. 2019; *Blog do Patrício Nunes*, 16 fev. 2019; *Blog do Fumanchú*, 16 fev. 2019; *Blog do Mario Pires*, 15 fev. 2019; *Blog da Josélia*, 15 fev. 2019; *Criativa On Line*, 18 fev. 2019; *Diário do Comércio*, 20 fev. 2019; *O Imparcial*, 20 fev. 2019.

pode mais querer ofertar um produto ou serviço e esperar que ele seja aceito de qualquer forma pela clientela.

Hoje, o consumidor é exigente, quer que tudo seja feito do seu jeito. Lidar com esse tipo de demanda é talvez o maior desafio das empresas que querem inovar. Imprescindível se faz ter contato perene com seus clientes, investir em pesquisa e desenvolvimento para oferecer soluções cada vez mais adequadas às necessidades. Há que se pensar que um cliente satisfeito tem um grande poder: o de propagar sua marca.

O mercado atual não é para amadores. É competitivo, mutável, inconstante e acelerado. Isso exige das empresas e, consequentemente, dos profissionais cada vez mais atenção e profissionalização. A Internet das Coisas, tida como o "futuro", já é uma realidade do presente que modificará substancialmente as relações de consumo nos próximos anos. Estamos preparados?

Inovar é questão de sobrevivência*

As startups brasileiras ainda não conseguem se sustentar adequadamente. É o que mostra levantamento da Pieracciani Desenvolvimento de Empresas, consultoria especializada em inovação: 74% das empresas desse tipo não sobrevivem mais do que cinco anos. Os motivos são vários, mas a falta de inovação – que deveria ser uma premissa da startup – influencia fortemente no fracasso do empreendimento. O mesmo apontamento pode ser feito para empresas tradicionais: no cenário atual, não inovar traz risco de falência.

É grande o número de empresas que sofreram grandes perdas ou mesmo foram à falência por relutarem a abraçar novas tecnologias ou manterem seus produtos os mesmos sempre. Um grande exemplo é o da Kodak: a empresa, que fora a maior do mundo no ramo de fotografia, faliu porque não se antecipou às tendências do mercado – as câmeras digitais, mais tarde também substituídas por smartphones. Insistiu na venda dos filmes fotográficos, que viriam a deixar de ser utilizados. A quebra poderia ter sido evitada se a companhia investisse em inovação – inclusive, por seu tamanho, teria a chance de, mais uma vez, ser pioneira no setor.

Hoje, a tecnologia além de ser um dos principais instrumentos da inovação, é uma necessidade e um diferencial. Explorar as possibilidades dos recursos tecnológicos torna-se obrigatório para as empresas que querem sobreviver e ter sustentabilidade no competitivo

---

* Publicado em: *Blog ABMESEduca*, 18 fev. 2019; *Blog do Patrício Nunes*, 20 fev. 2019; *Blog do B. Silva*, 20 fev. 2019; *Blog do Mario Pires*, 20 fev. 2019; *O Imparcial*, 20 fev. 2019; *Somos Notícia*, 21 fev. 2019; *Portal Jaguarari*, 21 fev. 2019; *A Tarde*, 26 fev. 2019; *Jornal de Campinas*, 21 fev. 2019; *Blog do Wagner Gil*, 25 fev. 2019.

mercado atual. Esses recursos estão disponíveis para serem bem usados como forma de criar inovação, desenvolver novos e melhores produtos ou serviços e garantir a liderança aos que melhor souberem usufruir deles.

A situação requer ainda mais atenção quando se pensa que, justamente pelo avanço da tecnologia, a competição já não é mais local, e, sim, global. Empresas precisam ter em mente que seus competidores, que outrora estavam a quadras ou bairros de distância, hoje podem estar espalhados pelo mundo, em virtude da aldeia global. Não existem mais fronteiras geográficas. Cresce também o número de empresas de tecnologia e de ferramentas de computadores, que ameaçam atividades tradicionais – vide o Google, a Netflix, o Spotify, a Amazon, a Microsoft, entre outras. Parece alarmista, e pode até ser, mas as corporações, quaisquer que sejam seus tamanhos ou setores de atuação, precisam estar atentas às transformações que acontecem cada vez mais rápido.

Vivemos uma realidade de mercado que tirou o poder das grandes empresas e o transferiu principalmente para o consumidor. É o público que define o que quer consumir e é justamente isso que torna a competição mais difícil: os gostos mudam e, principalmente, são diversos. A experiência precisa ser personalizada. Esse contexto já levou muitas empresas a criarem departamentos internos de inovação, a fim de desenvolver sempre soluções compatíveis com o que a clientela exige em cada momento. Esse é o futuro, ou melhor, deveria ser o presente de toda companhia que quer ter um futuro.

Mercado "premia" quem é mais inovador*

Inovação deve ser uma constante para qualquer empresa que deseja se manter acima das outras. É preciso buscar constantemente novas opções, criar, diferenciar-se. Quem permanece no mesmo lugar perde espaço para aqueles que pensam fora da caixa. Isso acontece até mesmo com a Apple. A companhia caiu da primeira para a 17ª colocação no ranking das 50 empresas mais inovadoras do mundo da revista *Fast Company*. O primeiro lugar ficou com a chinesa Meituan Dianping, plataforma digital que integra serviços para facilitar a vida dos usuários.

Foi uma queda e tanto para a empresa de Steve Jobs, que desde 2015 se mantinha entre as 10 mais e chegou à primeira colocação em 2018. Acontece que, como analisou a Fast Company, diferente da edição anterior da lista, em que a Apple teve destaque pelo lançamento do iPhone X e dos Air Pods, a companhia não trouxe grandes inovações este ano, apresentando basicamente melhorias de processamento em seus gadgets.

Já a Meituan Dianping, líder do ranking atual, é uma plataforma que facilita a reserva e a entrega de serviços como alimentos, estadias em hotéis e ingressos de cinema. O "super app", como é chamado, facilitou 27,7 bilhões de transações, no valor de US$ 33,8 bilhões, para mais de 350 milhões de pessoas em 2.800 cidades. Os números superlativos, claro, se devem ao gigante mercado chinês, país mais populoso do mundo, mas também aos investimentos em inovação e aprimoramento de seus serviços que a Meituan realiza.

---

* Publicado em: *Blog ABMESEduca*, 18 mar. 2019; *Somos Notícia*, 28 mar. 2019; *Diário do Comércio*, 30 mar. 2019; *Blog do Mario Pires*, 8 abr. 2019; *Diario de Pernambuco*, 31 maio 2019.

É uma prova de que dedicar recursos para pesquisa e desenvolvimento resulta em diferenciais competitivos. O mercado atual é acirradíssimo e globalizado, o que requer das empresas a constante preocupação com oferecer novas soluções a seu público, atendendo as necessidades da clientela de forma criativa e personalizada. A Meituan Dianping criou uma espécie de "hub de serviços", concentrando funcionalidades de vários aplicativos em um só lugar. Isso é inovar.

O ranking da Fast Company também tem espaço para brasileiros. A Nubank, fintech nacional que vem ganhando cada vez mais notoriedade, ficou na 36ª colocação, sendo a de maior destaque da América Latina. O banco digital inovou ao oferecer alternativas aos clientes, antes presos a um limitado número de instituições financeiras que praticam juros altos e ainda são muito tradicionais. A Nubank apostou na tecnologia para descomplicar a vida do usuário e vem expandindo seu portfólio de produtos.

Todos esses pontos corroboram a ideia de que a inovação é uma real necessidade. É preciso pensar diferente, agir diferente, ser diferente. Quem mais consegue se diferenciar tem mais chance de ter sucesso e progredir. O que não pode é insistir em modelos tradicionais que não atentam para os novos pleitos do mercado.

De olho no futuro, mas presos ao passado*

Não faz muito tempo e o futuro era distante e intangível. Quando filmes do porte de *2001: Uma odisseia no espaço*, ou o desenho animado mais futurista de todos, *Os Jetsons*, foram lançados, em plena década de 1960, apenas as mentes mais fora da caixa poderiam supor que, algum dia, ao menos parte daquilo pudesse se tornar real.

É fato que ainda não nos locomovemos em carros voadores, nem vivemos em cidades suspensas e tampouco existe consenso sobre a existência de vida fora da Terra. No entanto, é impossível negar a quantidade de coisas que até então eram tidas como pura ficção científica e que hoje fazem parte do nosso cotidiano.

Tamanha evolução em tão pouco tempo resulta no fato de que dificilmente há quem se pergunte se há algo que ainda possa ser inventado. Pelo contrário, mantemos nossas expectativas em alto nível, ansiosos pelo que vem de inovador, ainda que não façamos ideia do que possa ser. As possibilidades são muitas e vão desde novas formas de gerir, comunicar e solucionar problemas até o desenvolvimento de procedimentos médicos cada vez menos invasivos e a descoberta da cura para diversos males que ainda nos afligem.

Aliás, é exatamente no campo da medicina em que são encontradas algumas das inovações mais significativas. Menos de cem anos separam a descoberta da penicilina do desenvolvimento de robôs capazes de realizarem cirurgias complexas e de forma precisa,

---

* Publicado em: *Blog ABMESEduca*, 1º abr. 2019; *Estadão.com.br*, 27 mar. 2019; *Blog do Wagner Gil*, 2 abr. 2019; *Somos Notícia*, 2 jan. 2019; *Diario de Pernambuco*, 5 abr. 2019; *Portal Fator Brasil*, 5 abr. 2019; *Criativa On Line*, 4 abr. 2019; *Jornal Grande Bahia*, 6 abr. 2019; *Blog do Patrício Nunes*, 5 abr. 2019; *Blog do B. Silva*, 8 abr. 2019; *Blog do Mario Pires*, 9 abr. 2019.

inclusive comandados por um profissional situado a quilômetros de distância.

No entanto, como a efetiva compreensão das transformações e a mudança de comportamento possuem relação de tempo e espaço distintas da verificada no avanço tecnológico e científico, nossa sociedade tem experimentado contradições e desafios, como a formação de profissionais capazes de atuar em um cenário cada vez mais competitivo, inovador e disruptivo.

Por exemplo, há décadas, a prestação de serviços médicos mediados por tecnologias é realidade no país e no mundo. Para além dos preceitos éticos e morais que precisam ser assegurados, a integração entre tecnologia e medicina é um caminho sem volta.

Apesar disso, nossos profissionais da área da saúde continuam sendo formados por metodologias tradicionais, pautadas na velha concepção de que educação se faz com lousa, saliva e lápis. Hoje dispomos de ferramentas educacionais capazes de promover o acesso ao conhecimento acadêmico de maneira atraente e eficiente, ao passo que competências como dinamismo, autonomia e criatividade são desenvolvidas. Entretanto, tudo isso é estrategicamente ignorado em nome de uma formação que, muito em breve, não será suficiente sequer para o atendimento básico de saúde.

Estamos diante da dicotomia de poder fazer, mas não poder aprender. Nossa cultura ainda está fortemente arraigada em concepções ultrapassadas que não só dificultam olhar à frente, mas já refletem no descompasso entre o que é aprendido e o que é demandado pelo mercado de trabalho e pela sociedade atual.

O termo educação a distância foi cunhado no início do século XX para designar cursos de datilografia por correspondência. Em uma época na qual computadores e internet eram impensáveis, a expressão fazia sentido. Mas o que existe hoje é outra coisa, completamente distinta. O que ainda é apresentado como EAD nada mais é do que educação intermediada pela tecnologia.

A fria troca de correspondências entre aluno e tutor deu lugar a ferramentas modernas e seguras que permitem a interação do estudante com professores, colegas e conteúdos enquanto ampliam a intimidade do aluno com o universo tecnológico. Além disso, nosso marco legal da educação determina que o processo educacional, seja ele presencial ou intermediado por tecnologia, deve dialogar com diretrizes curriculares previamente estabelecidas e sobre as quais são construídos os projetos pedagógicos dos cursos de graduação.

Sendo assim, se um curso demanda aulas práticas, como é o caso de medicina, mesmo que todo conteúdo teórico seja transmitido por intermédio da tecnologia, as atividades presenciais estão asseguradas e são realizadas nos polos das instituições de Educação Superior existentes em todo o país. Conclui-se, portanto, que não existe graduação 100% a distância para cursos na área da saúde que demandem formação prática.

Dito isso, resta-nos questionar até quando vamos permitir que visões retrógradas e interesses classistas se sobreponham a uma nova realidade que está posta e que trouxe consigo necessidades que não dialogam com o *modus operandi* do século XX. São posturas que nos colocam muito mais próximos dos Flintstones do que dos Jetsons.

A modernização do processo educacional é inevitável, assim como as inovações que nos surpreendem dia a dia. Em uma área na qual a tecnologia incide diretamente em elementos como qualidade de vida, diagnósticos precoces e tratamentos precisos, ir contra a evolução tecnológica do ensino consiste em um grande retrocesso. Além disso, estarão nossos médicos preparados para teleconsultas e cirurgias robotizadas?

A nova economia e as relações de consumo na era da inovação*

O termo "nova economia" foi utilizado pela primeira vez em 1996, pela revista norte-americana *BusinessWeek*, e fala da transição de uma economia baseada na indústria para uma economia baseada nos serviços. Apesar de já se terem transcorrido 23 anos, a expressão se mantém atual, pois o cenário econômico mundial tem se renovado, e cada vez mais rapidamente. Com o desenvolvimento das novas tecnologias, a economia de serviços ganha força e impulsiona o crescimento das startups.

Nesse cenário, a inovação e a disrupção são as palavras de ordem. O foco deixa de ser o ambiente físico para ser o virtual. E é assim que surgem as grandes empresas nascidas em garagens, as startups que explodem criando soluções que mudam paradigmas e facilitam a vida das pessoas. Essa nova economia é composta por quatro tipos de negócios: os criativos, os sociais ou de impacto, os inovadores e os escaláveis.

A disrupção é sempre presente na realidade da nova economia. Se, antes, uma empresa dependia das demandas do mercado, hoje ela própria cria uma necessidade. Imagine que, 15 anos atrás, os smartphones nem existiam e todo mundo vivia muito bem sem eles. Hoje, é quase impensável para muitas pessoas sair de casa sem seu aparelho. Acontece que se rompeu um paradigma de mercado com

---

* Publicado em: *Blog ABMESEduca*, 8 abr. 2019; *Blog do Mario Pires*, 10 abr. 2019; *Blog do B. Silva*, 10 abr. 2019; *Somos Notícia*, 11 abr. 2019; *Blog do Patrício Nunes*, 11 abr. 2019; *Blog do Fumanchú*, 12 abr. 2019; *Diario de Pernambuco*, 12 abr. 2019; *Interior PE Notícias*, 16 abr. 2019; *Jornal Grande Bahia*, 18 abr. 2019.

o surgimento de um novo nicho, mais moderno e tecnológico. Isso é disrupção.

Na era da nova economia, empresas que não trabalham com disrupção correm grande risco de ficar para trás na competição pela clientela. Afinal, estamos permanentemente conectados e o ambiente digital tornou-se parte do dia a dia. Quem não se utiliza desse meio de infinitas possibilidades acaba se restringindo e não consegue alcançar o público que poderia.

Essa característica volátil e mutável do mercado se reflete na forma como as empresas se comportam atualmente. Estima-se que os negócios tenham tempos de vida mais curtos – de três a cinco anos. Se isso significa que estão fadados à morte? De jeito nenhum, caso consigam se reinventar e se adaptar às novas realidades, que se apresentam a cada momento. É um trabalho árduo e complicado, que requer muita atenção ao mercado e ao público, mas necessário para quem quer sobreviver. Em suma, a nova economia exige muito mais dedicação dos empreendedores e empresários para que suas companhias se mantenham sempre competitivas.

Carreiras 3.0*

O desenvolvimento tecnológico e as mudanças que essa "revolução" vem causando nos processos, principalmente industriais, não é novidade para nenhum de nós. As empresas têm mudado seu jeito de produzir e, como consequência, vemos a oferta e postos de empregos tornarem-se cada vez mais escassos.

São muitas incertezas no mercado, e para os profissionais resta buscar seu desenvolvimento e estar preparado para quando as oportunidades surgirem. Apenas estudar para ter um bom emprego é um pensamento do passado. Não se deve pensar somente em emprego, mas em trabalho. A trabalhabilidade em todas as suas alternativas de produzir e gerar renda.

Não vamos confundir o conceito de trabalhabilidade com empreendedorismo. Mas, devemos aliar ambos. A trabalhabilidade vem como uma busca de atividades em tempo parcial, a colaboração baseada em resultados, a realização de atividades de consultoria, docência ou qualquer outro jeito de estar ativo. É pensar além do emprego e estar aberto a novos modelos e oportunidades.

Junto com o conceito de trabalhabilidade, que começou a ser discutido no início dos anos 2000, surge a carreira 3.0, na qual o próprio individuo é responsável pela gestão de sua carreira, buscando o trabalho mais colaborativo e conectado. Essa é, sem dúvidas, a transição da sociedade industrial para a sociedade do conhecimento – que já estamos vivendo.

---

* Publicado em: *Site Jeso Carneiro*, 29 ago. 2017; *Blog do Ramon Paixão*, 6 set. 2017; *LeiaJá*, 23 ago. 2017.

Em breve, a empregabilidade deve ficar na lembrança. Pensando na evolução do processo, a carreira 1.0 trouxe as empresas como a realização de todo profissional, que tinha a sua vida cuidada pela organização até a aposentadoria. A evolução do conceito veio com a carreira 2.0, em que o desafio era ser atrativo para o mercado, pensando em outras empresas, mas ainda assim, falando-se de emprego.

Diante de tantas mudanças, qual seria o perfil para a carreira 3.0? Muito mais que profissionais tecnicamente qualificados, os profissionais dessa nova era possuem pensamento crítico, criatividade, sabem resolver problemas complexos, têm resiliência, buscam aprendizado sempre e têm empatia com o cliente. São profissionais colaborativos, que pensam em conjunto. A cooperação, facilmente, dá mais frutos do que a competição – inclusive quando se trata de aprendizado.

Os profissionais precisam pensar em adaptação. A adaptação implica inovação, e esta é interativa. São essas adaptações que farão o ambiente mudar e o medo não é uma opção para quem quer ter realização profissional. Aqueles que ficarem atentos à trabalhabilidade e dispostos a viver essas mudanças sempre terão espaço no mercado. É preciso evoluir.

Indústria 4.0*

O termo "Indústria 4.0" foi apresentado em 2013 e vem se difundindo para descrever os inúmeros processos tecnológicos que resultam na automação e na troca de dados industriais que facilitam o entendimento e a visão de uma "Fábrica Inteligente". Esse segundo termo traz a comunicação e a cooperação entre sistemas e humanos, que resultam na habilidade dos programas em tomar decisões sem a intervenção humana.

Também chamado de "Quarta Revolução Industrial", as mudanças proporcionadas por esse desenvolvimento englobam as principais inovações tecnológicas dos campos de automação, controle e tecnologia da informação, aplicadas aos processos de manufatura. Com o desenvolvimento das fábricas inteligentes, é difícil mensurar os impactos que ainda estão por vir, porém, as diversas mudanças causarão grandes transformações em diversos setores do mercado.

A Indústria 4.0 já é uma realidade e foi possível graças aos avanços tecnológicos das últimas décadas. Entretanto, um dos seus principais desafios está na segurança e na força dos sistemas da informação, afinal, não há como prever problemas como falhas de transmissão na comunicação entre máquinas, que podem causar transtornos no andamento das produções.

Um dos maiores impactos causados pela Indústria 4.0 será o poder de afetar o mercado como um todo. Ela é a criação de um novo modelo de negócios em um mercado cada vez mais exigente, seletivo e ansioso. Se pensarmos nas consequências da tecnologia no mundo do trabalho e na sociedade, teremos um contrassenso: a tecnologia

---

* Publicado em: *Blog do Ramon Paixão*, 13 abr. 2017; *O Estado*, 16 maio 2017.

chega para promover a simplificação dos processos através das máquinas, porém, aumenta a complexidade das mesmas.

A Indústria 4.0 é uma continuidade dos processos de revolução industrial desde a primeira revolução, entre 1760 a 1860. Todas elas foram, também, um conjunto de políticas governamentais junto com a adoção de tecnologias. Relembrando: a segunda revolução foi com a adoção da energia elétrica e a terceira com o início da automação.

Em comparação com séculos atrás, temos cada vez mais gente na indústria. Hoje, no Brasil, são entre 3 e 3,5 milhões de trabalhadores diretamente nas fábricas brasileiras, um número bastante significativo. O que muda é o perfil desse trabalhador, que precisa ser cada vez mais qualificado. Pode-se dizer que a tecnologia vem transformando radicalmente o trabalho. Ela cria oportunidades econômicas que não tínhamos imaginado antes, cria novas funções e permite trabalhos remotos e espaços de co-working.

Os impactos dessa Quarta Revolução Industrial já são vistos nos países desenvolvidos, como Estados Unidos, França e Alemanha, onde os governos já visam aumentar e continuar a produzir tecnologia industrial para a utilização dos países emergentes, como Brasil e China. E as transformações desse processo são irreversíveis, ou seja, quem quiser ter sucesso nesse novo cenário precisará se reinventar e desenvolver novas habilidades.

Para trabalhar numa indústria 4.0, os profissionais terão de desenvolver um perfil multidisciplinar. Essa competência será cada vez mais valorizada porque, com processos mais eficientes, os funcionários deverão pensar em novas formas de gerar resultados. Em um mundo cada vez mais conectado, em que há milhares de dados em circulação pelo uso dos smartphones e dos computadores, é preciso olhar para o futuro e se adaptar à evolução tecnológica. É preciso aprendizado contínuo.

Depois da eleição, precisamos voltar a inovar*

O Brasil ficou parado acompanhando a corrida presidencial, uma das mais disputadas – nos melhores e piores sentidos. Agora, com o resultado final sobre quem ocupará a vaga no Planalto, outros assuntos virão à tona. Será hora de pensar nos rumos do país. Uma das coisas mais importantes a se debater são os investimentos em inovação. Embora sejamos destaque no empreendedorismo, ainda pecamos na inovação – o que parece até contraditório.

Entre 2017 e 2018, o Brasil subiu cinco posições no Índice Global de Inovação, passando da 69ª para a 64ª posição de 126 países ranqueados. Um avanço, visto que estávamos estagnados naquela posição há dois anos. Ainda assim, a marca mostra o quanto temos a melhorar. Hoje, o líder em inovação da América Latina continua sendo o Chile, na 47ª colocação. Ainda estão à nossa frente, na região, Costa Rica (54ª), México (56ª), Uruguai (62ª) e Colômbia (63ª). Os números nos mostram o quanto ainda precisamos melhorar – o que só será possível com investimentos massivos.

Independentemente de quem venceu a eleição, é necessário que o futuro presidente do Brasil volte o olhar à inovação – entre os tantos outros problemas por que passamos, claro. A inovação vem do investimento em pesquisa e desenvolvimento, mas também é promovida com a criação de um ambiente propício para as empresas se desenvolverem. Estamos em um mundo globalizado e digital, em

---

* Publicado em: *Blog ABMESEduca*, 5 nov. 2018; *Parnaíba em Nota*, 9 nov. 2018; *Blog do Mario Pires*, 9 nov. 2018; *Blog do Patrício Nunes*, 9 nov. 2018; *Blog do B. Silva*, 8 nov. 2018; *Diário do Comércio*, 10 nov. 2018; *Jornal União*, 12 nov. 2018; *Somos Notícia*, 9 nov. 2018; *Blog do Wagner Gil*, 9 nov. 2018; *Interior PE Notícias*, 9 nov. 2018.

que inovar é uma poderosa arma que as corporações têm como diferencial competitivo. Mais que isso, hoje, é uma necessidade, uma obrigação para quem não quer ficar para trás.

Importante lembrar, também, que não só o presidente precisa se preocupar com a criação de um ambiente mais inovador no país. É até mais importante que essa consciência parta do Congresso Nacional, responsável pelas principais decisões sobre os rumos do país. Se queremos que o Brasil volte a crescer e se desenvolver, precisamos estimular, cada vez mais, as mentes inovadoras, que vão criar os produtos e os serviços do futuro e ajudar a devolver a força à nossa economia.

Israel, nação inovadora*

Israel é um país do tamanho do estado brasileiro de Sergipe, tem apenas 70 anos de existência e menos de 9 milhões de habitantes. Além disso, está situado em uma região desértica com escassez de recursos. Como poderia, então, esta nação se tornar uma potência no desenvolvimento de tecnologias inovadoras? A resposta vem em dois fatores principais: educação e necessidade.

A educação é uma prioridade israelense e sua sociedade dá grande valor ao conhecimento. Para se ter ideia, o país, com menos de 9 milhões de habitantes, já acumula doze ganhadores do Prêmio Nobel – enquanto o Brasil, que tem 200 milhões de pessoas e 500 anos de história, nunca teve um vencedor.

Além disso, após sua criação, Israel teve um grande desenvolvimento militar, a fim de se proteger de possíveis ameaças externas. Com isso, nas Forças Armadas, passou a ser estimulado o estudo das engenharias, não só para criação de soluções bélicas, mas para várias outras frentes. Isso abriu portas para o desenvolvimento de produtos de tecnologia avançados, um mercado que Israel soube e sabe explorar com propriedade. Hoje, é o país que mais investe em pesquisa e desenvolvimento em relação ao PIB: 4,5%. Além disso, o governo

---

* Publicado em: *Blog ABMESEduca*, 25 mar. 2019; *Portal Fator Brasil*, 23 abr. 2019; *Jornal União*, 23 abr. 2019; *Blog do Mario Pires*, 22 abr. 2019; *Blog do Fumanchú*, 22 abr. 2019; *Parnaíba em Nota*, 22 abr. 2019; *Blog do B. Silva*, 22 abr. 2019; *O Estado do Maranhão*, 24 abr. 2019; *Jornal Informa Digital*, 24 abr. 2019; *The São Paulo Times*, 23 abr. 2019; *Diario de Pernambuco*, 26 abr. 2019; *Somos Notícia*, 26 abr. 2019; *A União*, 27 abr. 2019.

e as universidades trabalham sempre em parceria com a iniciativa privada para expandir o conhecimento e a inovação.

Para se ter ideia, surgiram em Israel startups que hoje são grandes empresas conhecidas mundialmente. Por exemplo, o Waze, aplicativo de navegação por GPS que se tornou quase indispensável para motoristas, surgiu lá. Em 2013, foi comprado pelo Google por US$ 1 bilhão. Já a Mobileye, startup de soluções para mobilidade de carros autônomos, também é israelense e foi adquirida pela Intel pela fortuna de US$ 15,3 bilhões. Ainda é possível citar como criações israelenses o Viber, pioneiro no uso de VoIP, e o ICQ, famoso mensageiro de sucesso nos anos 1990 e 2000.

O fator necessidade também foi um grande impulsionador da inovação em Israel. Por estar situado em uma região desértica, o país sempre precisou criar soluções para se manter e para movimentar sua economia. A alta tecnologia foi uma das saídas encontradas. Hoje, 40% das exportações israelenses são de produtos tecnológicos. Some-se a isso a obrigatoriedade do serviço militar para homens e mulheres, a cultura militar incute no pensamento dos jovens o senso de responsabilidade e trabalho em equipe, o que faz com que muitos deixem o Exército já com o desejo de empreender e criar soluções que gerem impacto na sociedade.

Israel é, de fato, um exemplo a ser seguido pelo Brasil, que vem cortando seus investimentos em pesquisa e desenvolvimento e que, mesmo com um povo bastante criativo e inovador, não consegue liberar todo seu potencial. É fato que, em um país de dimensões continentais, estabelecer políticas que abranjam todo o território e atendam às diversas necessidades da população é mais difícil, mas é um esforço necessário se quisermos nos desenvolver mais e competir internacionalmente. Caso contrário, continuaremos a ser os históricos exportadores de commodities.

Educação e inovação: o que temos a aprender com Israel?*

Com pouco mais de 8 milhões de habitantes, território pequeno, escassez de água e uma história milenar que tem sido reescrita há apenas 70 anos, Israel é um daqueles países que surpreendem pela capacidade de encontrar soluções, inovar e se estabelecer como polos globais de disseminação de conhecimento.

Conhecida como "nação das startups", Israel conta com mais de 300 multinacionais instaladas em seu território. Entre os países que compõem a Organização para a Cooperação e Desenvolvimento Econômico (OCDE), é o que mais investe sua riqueza nacional em educação. Com 47% da população de 25 a 34 anos graduada em nível superior, publica aproximadamente 1% dos artigos científicos do mundo.

Como tudo isso foi possível em tão pouco tempo e o que o Brasil precisa fazer para chegar lá? As respostas para essas e muitas outras perguntas é o que o setor particular de Educação Superior do país vai buscar durante a 2ª Delegação ABMES Internacional – Israel Experience, comandada por mim, que acontece entre os dias 11 e 21 de outubro.

Durante 10 dias, serão visitadas algumas das instituições de Educação Superior mais inovadoras do planeta. Inovadoras nas mais variadas concepções, do processo pedagógico à produção de novas tecnologias. Educação a distância, incubadora de projetos, impacto social na comunidade, centros de inovação no ensino, startups,

---

* Publicado em: *Estadão.com.br*, 12 out. 2018; *Blog do Wagner Gil*, 15 out. 2019; *Blog ABMESEduca*, 29 out. 2018.

educação e empreendedorismo e inovação na educação são alguns dos tópicos sobre os quais o grupo terá a oportunidade de ampliar seus conhecimentos e conhecer práticas modernas e transformadoras.

Outro objetivo da missão é estimular o processo de internacionalização das instituições de Educação Superior brasileiras. Por meio dele, é possível trocar experiências, gerar novas ideias, discutir problemas, identificar soluções comuns e estabelecer pontes com organizações semelhantes.

Em uma sociedade do conhecimento, essa troca de informações e vivências não só fortalece as instituições para operarem com foco na melhoria dos seus processos e, consequentemente, na qualidade dos serviços ofertados, como amplia as possibilidades de desenvolvimento dos estudantes que buscam na experiência internacional uma forma de estarem conectados às tendências e inovações das áreas profissionais nas quais atuarão após a conclusão da graduação.

Acreditamos que a realização de delegações internacionais reforce nas instituições a importância do processo de internacionalização, tanto para o desenvolvimento institucional quanto para a comunidade acadêmica. Além disso, a experiência adquirida durante as visitas torna a internacionalização tangível para aquelas instituições que não sabiam como estruturar suas ações nesse sentido.

Por fim, as delegações internacionais promovidas pela ABMES também visam à apresentação da Educação Superior particular brasileira para diversas nações, ao mesmo tempo em que estreita laços, favorecendo a possibilidade concreta de parcerias entre instituições daqui e do exterior.

Dessa forma, com a ida para Israel, queremos compreender como funciona um dos principais polos de inovação do planeta e conhecer as melhores práticas nas áreas organizacional, educativa e gerencial, identificando oportunidades reais de cooperação internacional entre instituições de Educação Superior brasileiras e israelenses.

Não há dúvida de que o setor particular de Educação Superior retornará transformado após vivenciar as experiências israelenses na área. Com isso, ganham as instituições, ganham os estudantes e, sobretudo, ganha o Brasil.

CAPÍTULO II
EMPREENDEDORISMO E SUSTENTABILIDADE

O sonho de empreender*

Dois em cada três jovens sonham em ser empreendedores. Essa foi uma das conclusões tiradas do estudo Jovens Empresários Empreendedores, realizado pela Federação das Indústrias do Estado do Rio de Janeiro (Firjan). Além do número alto, a pesquisa também revelou que ter seu próprio negócio é um projeto a curto prazo para esses jovens – cinco anos. O estudo "Jovens Empresários Empreendedores" entrevistou 5.681 pessoas, enfocando a geração Y, cujos integrantes são os nascidos de 1980 a 1990.

O dado não é novidade para o Brasil, que é considerado o 5º país na lista dos 15 mais empreendedores do mundo. Entretanto, é importante frisar que as principais motivações dos futuros empreendedores são a realização de um sonho (76,4%), a busca por melhor qualidade de vida (75,6%), a motivação por altos ganhos financeiros (70%), o mercado promissor (66,1%) e ser seu próprio chefe (64,5%).

A pesquisa vai mais além e explica que 82% desses jovens empresários já viveu a experiência de um emprego formal antes da decisão de empreender. Fica claro que esta não é uma geração que visa ao empreendedorismo por necessidade, mas por opção. A mesma geração Y que usa muito a tecnologia para fazer networking e construir uma rede de relacionamento que vai contribuir com o sucesso de seu empreendimento.

Um bom planejamento financeiro é uma das peças-chave para quem pretende deixar de ser empregado para se tornar empreendedor/empregador. O estudo vai mais além e explica que apenas 18% dos jovens recorre a financiamentos para abrir seu próprio negócio

---

* Publicado em: *LeiaJá*, 28 jun. 2017; *Blog do Ramon Paixão*, 7 set. 2017.

e outros 60% já possuem o capital para investir. O baixo número de pessoas que recorrem ao financiamento é um dado justificável pelos juros altos que são aplicados pelas instituições financeiras e também pela burocracia brasileira.

A maioria das pessoas enxerga um empreendedor como alguém que veio do nada e tropeçou em milhões de dólares. Mas não é tão simples assim. Se você acha que qualquer um pode se tornar um empreendedor e que a única exigência é ter uma ideia para um negócio, seu pensamento está errado. Você pode ter uma ideia nova ou simplesmente inovar em algo que já existe, mas o primeiro passo para empreender é ter um sonho, uma paixão e depois disso, é preciso conhecer o mercado e o setor no qual você quer investir.

Para empreender, é preciso percorrer um longo caminho. O sucesso de um negócio dificilmente acontece da noite para o dia e grande parte das empresas declara falência com menos de dois anos de atividades. Um empreendedor precisa de conhecimento, força de vontade, ambição, persistência e dedicação.

Para ser empreendedor, você precisa acreditar em si mesmo e ter inteligência para saber quando é preciso alterar o seu plano ou projeto inicial. Há um ditado que diz "falhas dificilmente ocorrerão se a sua determinação de vencer for suficientemente forte". Ser um empreendedor é um trabalho intenso e também pessoal, com inúmeras dificuldades externas para serem transpassadas.

Brasil do empreendedorismo*

Um estudo publicado recentemente na Fast Company e elaborado pela startup Expert Market, baseada no Texas (EUA), indicou o Brasil no quinto lugar, em uma lista de 15 países quando o assunto são os empreendedores mais determinados do mundo. A pesquisa indicou os países nos quais, mesmo com todas as dificuldades enfrentadas para empreender, há um alto número de negócios criados em 2016.

O ranking surgiu de um levantamento do Banco Mundial com 130 países que define qual a dificuldade em cada um deles para empreender. Foram analisados três fatores: o tempo até registrar oficialmente um novo negócio; o tempo até tomar todos os procedimentos necessários para o negócio estar funcionando; e os custos básicos.

Ainda de acordo com os dados, em uma escala de 1 a 130, – sendo 1 a indicação de que é mais fácil abrir um negócio e 130 de que é mais difícil – o Brasil ficou com pontuação 125, ou seja, as dificuldades para abrir um negócio no nosso país são muito altas. Entretanto, ao mesmo tempo, na escala que mede a abertura de negócios e que varia de 1 – maior número de negócios criados – até 130 – mínimo negócios criados –, o Brasil ganha pontuação 48. Isso significa dizer que o país tem um grande número de pessoas dispostas a empreender, mesmo com todos as dificuldades e riscos envolvidos.

Essa determinação não é bem uma novidade para os brasileiros. A pesquisa Global Entrepreneurship Monitor (GEM) 2015 já revelava

---

* Publicado em: *Blog do Ramon Paixão*, 24 jul. 2017; *Jornal União*, 7 jul. 2017; *LeiaJá*, 5 jul. 2017; *Blog ABMES*, 3 jul. 2017.

que, em cada dez brasileiros adultos, quatro já têm uma empresa ou estão envolvidos com a criação de uma. Em 2015, a taxa de empreendedorismo no país foi de 39,3%, o maior índice dos últimos 14 anos e quase o dobro do registrado em 2002, quando a taxa foi de 20,9%. Ou seja, em 2015, 52 milhões de brasileiros com idade entre 18 e 64 anos estavam envolvidos na criação ou na manutenção de algum negócio, na condição de empreendedor inicial ou já estabelecido.

Após o início da crise econômica brasileira e o alto índice de desemprego que atinge mais de 12 milhões de pessoas no Brasil, muitos brasileiros viram no empreendedorismo uma forma de sobreviver. O talento nato do brasileiro justifica os números apurados pela Unitfour: o número de empresas abertas em 2016 cresceu 20% se comparado a 2015, sendo a necessidade de se ter uma fonte de renda após a demissão o fator responsável pelos dados do estudo.

Para 2017, os empreendedores viverão vários desafios. Entre eles, posso sinalizar a alta carga tributária, a necessidade de uma gestão eficiente e a necessidade de encarar a tecnologia como um recurso de apoio como os principais.

No primeiro aspecto, é preciso entender que cada empresa, de acordo com seu tipo e porte, possui um regime de tributação diferente e, para quem está pensando em abrir um negócio, é preciso levar em conta a importância do enquadramento tributário ideal para que o negócio seja realmente rentável.

A gestão eficiente é, sem dúvidas, um dos processos mais importantes de qualquer negócio. Quem quer empreender não deve apenas achar que basta fazer a abertura da empresa, começar a vender ou prestar determinado serviço e pronto. É preciso toda uma estruturação e acompanhamento; nesses aspectos é que está justificada a necessidade de uma gestão eficiente.

Não menos importante que os outros é a tecnologia. Recurso indispensável para ser bem-sucedido em um negócio. Sistemas, máquinas e plataformas novas estão disponíveis para auxiliar as empresas. A tecnologia faz parte do mundo moderno.

É importante atentar para o levantamento realizado pela Small Business Administration, agência de fomento a pequenos negócios do governo dos Estados Unidos. Ele diz que apenas metade dos novos negócios criados em 2013 vai sobreviver até 2018. Mas, executando tudo de forma pensada e estruturada, o fracasso não é uma opção.

A ascensão do empreendedorismo online*

Não restam dúvidas de que o aumento no número de acessos à internet tem contribuído para uma série de fatores, como a informação de maneira rápida e eficiente, a conexão com as pessoas de outras cidades e até países, ao entretenimento, além de vários outros fatores que são benéficos para uma sociedade globalizada.

Atrelado a tudo isso, existe um segmento em especial que tem ganhado destaque e chamado atenção de muitas pessoas: o mercado digital ou empreendedorismo on-line. Para reforçar o que eu digo, certamente, você conhece alguém que tem algum tipo de negócio on-line, ou até mesmo você deve fazer isso.

Para se ter uma ideia da dimensão e do quanto o segmento está ganhando força, de acordo com dados da Associação Brasileira de Comércio Eletrônico (ABComm), o e-commerce brasileiro, que é umas das fatias do mercado digital, deve crescer 15% em 2018 e chegar a R$ 69 bi de faturamento. Além disso, a soma de pedidos nas lojas virtuais pode chegar a R$ 220 milhões.

Mas, além de produtos físicos, os negócios on-line também podem se classificar como negócios digitais e aí entram os cursos on-line, blogs, canais do YouTube e soluções tecnológicas em geral. Todas essas maneiras também movimentam a economia e estão fazendo com que muitas pessoas levantem montantes financeiros exorbitantes.

Sem necessariamente focar nos tipos de produto, meu interesse nesse artigo é retratar todas as variáveis positivas que podem servir

---

* Publicado em: *Blog do B. Silva*, 22 out. 2018; *Blog do Mário Pires*, 22 out. 2018; *Parnaíba em Nota*, 22 out. 2018.

de estímulo para quem se identifica com o segmento. Os pontos fortes são o baixo investimento da infraestrutura inicial, os horários de venda e atendimento flexíveis, a facilidade de atingir muitas pessoas com impacto direto e o retorno imediato, tanto de feedbacks quanto monetário.

Trazendo essa realidade à tona, se você se identifica com o formato e pretende atuar no segmento, meu conselho é: estude o mercado, identifique o nicho de atuação, se especialize e esteja ciente de que o mercado está em constante adaptação e, por isso, requer de você olhos atentos e em constante aperfeiçoamento.

China, fábrica de startups*

Há anos a China vem se desenvolvendo a galope. Com altas taxas de crescimento (mesmo isso podendo ser um risco), o país mais populoso do mundo se mostra competitivo em diversos setores. Na área de tecnologia, os chineses se tornaram vanguardistas em inovação. Por lá, o número de startups cresce exponencialmente e o ecossistema já é muito maior, por exemplo, que o do Vale do Silício. O país já é líder mundial em startups financeiras (fintechs), educacionais (edtechs) e varejistas.

É da China, por exemplo, a atual startup mais valiosa do mundo: a Bytedance foi avaliada, em 2018, em US$ 75 bilhões, superando a Uber, que ficou na casa dos US$ 72 bi. Logo em seguida, na terceira colocação, mais uma chinesa, a Didi Chuxing, plataforma de transporte privado, com valor de mercado de US$ 56 bilhões. Para se ter uma ideia, enquanto, no Brasil, há apenas cinco startups unicórnios (as que passam o valor de US$ 1 bilhão: 99, PagSeguros, Nubank, Stone e iFood), a China já registra mais de 160 delas.

Essa pujança das techs chinesas se deve a um plano de investimentos forte empreendido pelo próprio governo: só em 2015, foram US$ 230 bilhões aportados. As startups locais recebem financiamento direto e isenção de impostos, principalmente para iniciativas na área de inteligência artificial. O acelerado crescimento da economia chinesa contribui para esse salto da tecnologia. Por lá, por exemplo, já quase não se usa mais dinheiro para pagamentos e o cartão de

---

* Publicado em: *Diario de Pernambuco*, 10 maio 2019; *O Imparcial*, 13 maio 2019; *Somos Notícia*, 9 maio 2019, *Diário do Comércio*, 10 maio 2019, *Blog ABMSEduca*, 22 abr. 2019.

crédito está perdendo força; a maioria das transações são feitas por pagamento digital, por meio de smartphones.

O crescimento do mercado de tecnologia chinês também pode ser proveitoso para o Brasil, já que as startups desenvolvidas aqui podem receber investimentos de empresas ou fundos maiores de lá. E isso já vem ocorrendo. A brasileira 99 alcançou a marca de unicórnio após aporte de US$ 100 milhões da chinesa Didi Chuxing. Já a Nubank recebeu investimento de US$ 200 milhões da Tencent. Cabe agora, ao Brasil, saber aproveitar essa relação.

Temos muito a aprender com o país asiático, um dos nossos principais parceiros comerciais e que vem demonstrando estar muito à frente em diversos setores. É verdade que, atualmente, nossa principal exportação à China é a soja, mas, com as medidas e os investimentos corretos, podemos ir muito além e fazer desenvolver ainda mais o ecossistema de inovação nacional.

O futuro das startups*

O futuro já chegou para todas as empresas. Estar conectado e atualizado em relação a novas tecnologias, inteligência artificial e disrupção é obrigatório, independentemente do setor de atuação do seu negócio. Junto com essa nova forma de pensar, tivemos um crescimento exponencial do ecossistema das startups, sempre com uma visão nova de como resolver um problema.

Em 2011, existiam no Brasil cerca de 100 startups, número que disparou para 400 em 2012. O dado mais atual, divulgado no começo de 2019 pela Associação Brasileira de Startups (Abstartups), cita que existem mais de 10 mil startups no país. Isso significa dizer que o mercado promissor das startups tornou-se realidade, porém, para poucos investidores. Surgiram, então, as startups unicórnios, avaliadas em bilhões de dólares.

Como qualquer empresa, o objetivo das startups é atrair a atenção do mercado para suas soluções disruptivas em qualquer tipo de situação, com um modelo de negócio que seja replicável e possua escalabilidade. No Brasil, o ecossistema da inovação ainda é considerado pequeno quando comparado aos outros ecossistemas globais. Na realidade, a mortalidade de startups permanece maior do que qualquer outra atividade econômica – 74% fecham após cinco anos, 18% antes mesmo de completar dois anos, segundo pesquisa da Startup Farm.

----

* Publicado em: *Diario de Pernambuco*, 14 jun. 2019; *Somos Notícia*, 18 jun. 2019; *Valor do Vale*, 20 jun. 2019; *Blog do Fumanchú*, 20 jun. 2019; *Blog ABMESEduca*, 19 jun. 2019; *Blog do Patrício Nunes*, 18 jun. 2019; *Diário do Comércio*, 20 jun. 2019; *Blog do Mario Pires*, 19 jun. 2019; *Portal Cearensidade*, 21 jun. 2019.

Há muitos desafios para o ecossistema de inovação e startups do Brasil. Nossos resultados são muito baixos no que tange à conectividade. Além disso, há outros pontos em que o país tem pouca condição de vencer: falta acesso a talentos, a parcerias internacionais, a tecnologia de ponta, novos mercados etc.

Qual seria a saída? Descentralizar. Os maiores avanços nos ecossistemas globais de inovação virão da descentralização, da distribuição de oportunidades, recursos e estrutura para que uma diversidade maior de startups, empresas e fundos também possa ter possibilidade de competir em cenário global.

É preciso se reorganizar, e essa é a única saída para se manter relevante no mercado. Não estou falando apenas de adotar novas tecnologias, mas de uma transformação digital por completo. É uma mudança de mindset, repensando os processos para atuar de maneira enxuta e rápida. A chave é esquecer a burocracia, e rápido.

A importância do investidor-anjo para as startups*

O Brasil vem tentando, a duras penas, desenvolver seu ecossistema de startups. As empresas, que oferecem produtos ou serviços inovadores, geralmente de base tecnológica e com bom grau de escalabilidade, vêm sofrendo com as dificuldades econômicas por que passa o país, mas uma figura pode ser de grande ajuda nesse problema: o investidor-anjo. É a pessoa física ou jurídica que investe capital próprio em empresas nascentes, podendo tornar-se sócio do empreendimento. No entanto, o atual cenário não é muito favorável a esses players.

Segundo pesquisa da Anjos do Brasil, organização de fomento ao investimento-anjo e apoio ao empreendedorismo de inovação, a quantidade desse tipo de investidor no país teve um crescimento de 16% entre 2016 e 2017, chegando aos 7.615. O montante aportado no ano bateu a marca de R$ 984 milhões. Apesar de ser um recorde, o valor ainda é pouco, se comparado com o PIB nacional.

Para se ter uma ideia, levando em consideração a relação entre investimento-anjo e PIB do Brasil e tendo como ideal os Estados Unidos, deveríamos estar investindo R$ 9,4 bilhões por ano, ou seja, quase dez vezes o nível atual. Ainda temos um mercado potencial muito grande a ser explorado nesse setor. Quanto mais investidores-anjo surgirem e se empenharem no desenvolvimento de startups, mais teremos produtos, serviços e soluções de qualidade sendo ofertados,

---

* Publicado em: *Criativa On Line*, 3 dez. 2018; *Somos Notícia*, 28 nov. 2018; *Blog ABMESEduca*, 26 nov. 2018; *Blog do Mario Pires*, 28 nov. 2018; *Blog do Wagner Gil*, 28 nov. 2018; *Parnaíba em Nota*, 28 nov. 2018.

mais empregos gerados e a roda da economia ganhará um impulso para girar.

Em minha experiência como investidor-anjo, tive a oportunidade de incentivar financeiramente algumas empresas que necessitavam de capital para se desenvolverem e testemunhei o crescimento substancial delas. Tenho um projeto de investimento que seleciona startups, em qualquer estado de desenvolvimento, ou mesmo ideias de produtos ou serviços que sejam economicamente viáveis para conceder o aporte financeiro e outros auxílios. Creio ser papel de quem já conseguiu certo sucesso no empreendedorismo apoiar e incentivar aqueles que desejam trilhar o mesmo caminho.

Além disso, vejo que ter a figura do investidor-anjo como parceira da startup traz uma série de outros benefícios, como possíveis mentorias, já que o investidor tem experiência de mercado; networking, com os contatos que aquele profissional pode ceder; e visibilidade, por atrelar o nome da empresa ao de uma grande pessoa de negócios.

Pesquisas do MIT e da Universidade Harvard levantaram motivos para a importância do fomento ao investimento-anjo para o desenvolvimento do ecossistema de startups. Acontece que o aporte financeiro de investidores-anjo possibilita que as empresas nascentes cresçam mais e com mais chance de êxito. O auxílio também incentiva as organizações a serem mais inovadoras, já que há um agente externo investindo dinheiro e cobrando resultados.

Há avanços, mas ainda é preciso mais. Se o investidor-anjo é figura fundamental no desenvolvimento das startups e pode ser até a salvação do setor, precisamos de mais incentivos a esses players. Países europeus já demonstraram bons resultados ao conceder, por exemplo, incentivos fiscais às pessoas e empresas que investem em startups. Algo a se pensar, com muita responsabilidade.

Novos públicos requerem novas empresas*

As relações de consumo têm mudado muito e de forma bastante acelerada nas últimas décadas. Se, antes, para adquirir qualquer coisa, era necessário ir a uma loja e, posteriormente, vieram as vendas por telefone, hoje, boa parte das transações já é feita pela internet. Acontece que essas relações de consumo – e o próprio relacionamento das marcas com seus clientes – têm sofrido alterações não mais por causa das tecnologias (ao menos não diretamente), mas por mudanças no próprio perfil do público consumidor.

Nas décadas de 1980 e 1990, surgiu a chamada geração Y, ou millenials, aqueles que viram de perto o boom da internet e das tecnologias de informação e comunicação (TICs). Hoje, eles têm entre 24 e 38 anos de idade, estão em idade economicamente ativa e formam boa parte da mão de obra nacional, ou seja, ainda têm influência sobre as relações de mercado. No entanto, já começa a despontar uma nova geração, a Z, ou centennials. Estes são os nascidos entre 1995 e 2010, que já vieram ao mundo em meio à tecnologia e cresceram com ela. São os chamados nativos digitais. É com eles que as empresas precisam se preocupar ainda mais e dedicar atenção e estudo.

As gerações anteriores se adaptaram às ofertas. Com a geração Z, de forma inversa, é o mercado que precisa se adequar aos clientes. Isso porque esse público está acostumado com a liberdade e as possibilidades de experiência personalizada que o ambiente digital oferece e leva isso para todas suas relações, inclusive as de consumo. Tudo precisa ser fácil, prático, rápido – instantâneo, até – e do jeito

* Publicado em: *Blog ABMES*, 23 jul. 2018; *LeiaJá*, 31 jul. 2018.

que eles querem, não como as marcas querem oferecer. Apesar de serem muito jovens, muitos ainda sem poder de consumo, são eles o futuro do mercado e os que possuem mais influência.

Esse novo panorama exige das empresas, principalmente, investimento na inovação. É preciso cativar o cliente de forma cada vez mais especial e diferenciada. Isso porque, no mundo multiconectado, você pode comprar o mesmo produto de uma empresa local ou de uma do outro lado do globo. Os fatores decisivos serão detalhes que farão a oferta mais atraente para cada cliente. Daí a importância de estar conectado com a clientela, analisando constante e reiteradamente as tendências de consumo, as necessidades do público-alvo, para atendê-las de forma inovadora e criativa. É preciso, mais do que nunca, ser "amigo" do seu cliente, criar laços e intimidade.

O mundo tem mudado cada vez mais rápido. O mercado, então, ganha novas "regras" constantemente, e a tendência é que esse movimento se identifique com as próximas gerações. Cabe às marcas saberem acompanhar essa evolução e oferecerem produtos e serviços sempre atrativos, diferenciados e personalizados. A pena para a não observância dessas premissas é, inevitavelmente, a falência.

É possível crescer na crise?*

Períodos de crise econômica costumam ser um pesadelo para empresas e gestores. As contas apertam, os clientes desaparecem, tudo fica mais caro. O cenário parece desalentador. No entanto, com criatividade e organização, é possível atravessar a recessão e até crescer com ela. A crise pode ser, inclusive, uma oportunidade para startups.

Sendo as startups basicamente empresas pequenas, de base tecnológica e que oferecem produtos escaláveis, elas podem se beneficiar dos períodos de depressão econômica. É que, nesses tempos, o setor de tecnologia costuma ser o único não afetado. O motivo é bem simples: as empresas passam a ter que reduzir gastos, enxugar suas estruturas, otimizar a produção. E as soluções tecnológicas chegam como "salvadoras" para os gestores às voltas com as contas que não fecham. Aí reside a oportunidade das startups. É a chance de atender a essas demandas e oferecer produtos ou serviços que solucionem os problemas das companhias que sofrem com as quedas. Independentemente do setor em que atue, é importante que a startup esteja atenta aos movimentos do mercado e esteja pronta para aproveitar as oportunidades que aparecerem.

Em tempos de economia instável, é essencial para qualquer companhia, seja uma startup, seja uma multinacional, mirar na inovação. Por meio da inovação, é possível se manter competitivo, ainda

---

* Publicado em: *Diario de Pernambuco*, 25 maio 2019; *Blog ABMESEduca*, 22 maio 2019; *Blog do Wagner Gil*, 28 maio 2019; *Blog do Patrício Nunes*, 28 maio 2019, *Blog do Mario Pires*, 28 maio 2019; *Blog da Josélia*, 28 maio 2019; *Somos Notícia*, 28 maio 2019; *Blog do B. Silva*, 28 maio 2019; *Jornal da Cidade de Bauru*, 29 maio 2019; *Diário do Comércio*, 29 maio 2019; *Estado de Minas*, 31 maio 2019; *Jornal Grande Bahia*, 31 maio 2019; *Portal Fator Brasil*, 29 maio 2019; *Criativa On Line*, 29 maio 2019.

que em dificuldades. Desenvolver soluções inovadoras, sejam internas, sejam para fornecer para terceiros, garante fôlego e o sucesso. Para as pequenas empresas, períodos de crise podem ser menos difíceis até por questões técnicas. Acontece que as grandes companhias, por terem estruturas complexas, acabam por ter mais entraves, sem muita flexibilidade; o que não ocorre com as micro e pequenas ou startups: por serem mais simples, são mais maleáveis e conseguem se adaptar melhor à realidade que se apresenta.

O Brasil ainda tem outra vantagem para quem está atento às oportunidades da crise: o baixo índice de competitividade. Apesar de ser um país altamente empreendedor, muitos dos que se aventuram nessa seara o fazem sem preparo ou habilidade, o que é um prato cheio para aqueles que entram no jogo determinados a ganhar. É diferente dos Estados Unidos, por exemplo, em que os mercados são bem saturados e a competição é muito maior. Portanto, vale a regra do "que vença o melhor".

Acima de tudo, no entanto, para fugir da crise, é necessário saber conviver com ela, e não transformá-la em um bicho de sete cabeças. Quem tem competência para trabalhar bem não sofre, pois sempre terá seu público, mesmo que diminuído. Os que se preocupam muito com a recessão, e não falam em outra coisa, acabam por se afundar na lama da crise e não conseguem mais sair dela. O importante é manter a cabeça erguida e enxergar o horizonte à frente, que é sempre promissor.

Estratégias para crescer profissionalmente*

Todos sabemos que o conceito de sucesso é relativo e individual. Entretanto, muitas pessoas consideram sucesso como crescimento profissional. Conseguir um bom cargo, ter estabilidade e bom salário é o que a maioria dos profissionais que estão no mercado almeja. A grande questão é: em um mercado extremamente competitivo, como é possível se destacar diante de tantos profissionais?

De modo geral, o que a maioria das empresas espera de seus funcionários é qualificação, compromisso, ética profissional e que eles sejam produtivos nas funções determinadas. Porém, e infelizmente, todas essas características não garantem um futuro promissor dentro de uma empresa. Essas são exigências mínimas que qualquer profissional do mercado tem que assumir no transcorrer da vida.

Planejar sua carreira não é algo simples, que deve ser feito ainda quando jovem e depois basta apenas deixar as coisas seguirem seu caminho. Crescer, profissionalmente falando, de forma consistente e em ritmo acelerado, é algo que requer planejamento, revisão e adaptação constante de atitudes. O segredo para se destacar no mercado vai muito além de inteligência e talento.

A verdade, meus caros, é que mais difícil do que chegar ao cume é permanecer por lá. O melhor caminho para sobressair na equipe e ter sucesso na carreira é se tornar indispensável. Isso significa que, se você almeja ter mais do que um simples emprego, deverá mostrar

---

* Publicado em: *Parnaíba em Nota*, 5 abr. 2018; *Foco na News*, 4 abr. 2018; *Blog do Patrício Nunes*, 6 abr. 2018; *A União*, 6 abr. 2018; *O Estado do Maranhão*, 10 abr. 2018; *Imirante*, 10 abr. 2018; *Blog do Ramon Paixão*, 5 abr. 2018; *180 Graus*, 11 abr. 2018; *Fatos PB*, 14 abr. 2018.

muito mais do que meras habilidades exigidas e estar disposto a fazer melhor do que os seus concorrentes fazem.

A primeira regra para quem busca o sucesso profissional é praticar o "kaizen", ou seja, o aprimoramento contínuo. Para crescer profissionalmente você precisa buscar conhecimento através dos estudos. É preciso fazer cursos técnicos, de extensão, Ensino Superior, pós-graduações. Porém, mais importante que buscar o conhecimento é colocá-los em prática. Para crescer profissionalmente você precisa sair do óbvio, da sua zona de conforto, ou seja, assumir a condição de correr riscos. Não tenha medo, calcule, planeje e encare tudo com confiança.

Nem sempre um profissional conseguirá se destacar pelo talento. Já dizia Dave Weinbaum: "Se não puder se destacar pelo talento, vença pelo esforço". Pessoas que não se conformam com o comum, que não desistem no primeiro "não", que vencem suas limitações, que planejam com cautela as suas atividades, que são proativas e que buscam qualificação contínua são as que se destacam.

Vivemos em um período em que tudo muda muito rápido e, no setor profissional, muita coisa pode mudar em um ano. Não se acomode, queira sempre mais, tenha fome de sucesso! Trabalhe com honestidade, humildade, sinceridade, proatividade, exerça liderança e busque sempre algo positivo para você e a empresa que trabalha. Tenha em mente que sucesso e fracasso caminharão sempre juntos, lado a lado, e a sua jornada será do tamanho da sua determinação.

Mais produtividade no trabalho e na vida*

No ambiente corporativo, muito se fala em produtividade. A empresa exige produtividade de seus funcionários, o líder a requer de seus comandados; mas, ainda assim, muita gente não sabe que o termo se aplica em diversas áreas da vida. Engana-se quem pensa que ser produtivo é apenas fazer diversas tarefas, como numa corrida contra o tempo. A produtividade está relacionada com os resultados, mas também com os meios de trabalho. Não é só fazer, mas fazer bem feito, economizando tempo e recursos e maximizando a entrega final.

Paul J. Meyer dizia que "produtividade nunca é um acidente. É sempre o resultado de um comprometimento com excelência, inteligência, planejamento e esforço focado". É uma equação complexa que envolve vários fatores, desde técnicos até subjetivos. Por isso, é importante estar motivado para aquele trabalho. Assim, você rende mais e se sente bem na atividade. O resultado só pode ser o melhor: um trabalho bem feito e altamente produtivo.

Para ser produtivo em qualquer atividade da vida, é preciso, antes de tudo, ter organização. Organizar o dia, o tempo, tudo o que é preciso fazer naquele período. Já experimentou programar seu dia na noite anterior? Definir suas tarefas, seus objetivos, o que você quer alcançar. Estabelecer prioridades e colocar as tarefas mais difíceis no topo da lista é um começo. Assim, conforme elas forem sendo concluídas, o dia vai ficando mais tranquilo com as tarefas mais

---

* Publicado em: *Blog ABMESEduca*, 21 maio 2018; *Alto Vale*, 22 maio 2018; *Blog do Ramon Paixão*, 25 maio 2018; *Imirante*, 28 maio 2018; *Parnaíba em Nota*, 25 maio 2018; *Blog do Patrício Nunes*, 25 maio 2018; *O Estado do Maranhão*, 28 maio 2018; *Diário do Comércio*, 31 maio 2018.

leves. Além disso, cada pessoa tem um período do dia em que é mais produtiva. Cabe identificá-lo e programar as tarefas mais complexas para aquele horário, quando há mais disposição. Importante, nesse caso, é fazer uma coisa de cada vez, para não se perder. Gerenciar o tempo é essencial para obter melhores resultados.

Todos temos maus hábitos, que acabam influenciando na produtividade ao longo do dia. Um deles acontece logo na hora de acordar: o famoso botão de "soneca" do despertador. Esse recurso é um vilão da produtividade, porque o nosso cérebro "programa" o corpo para estar disposto e alerta na hora em que costumamos acordar. É o nosso relógio biológico. Ao pedir aqueles 10 minutos extras na cama, você está, na verdade, se boicotando, porque perde o timing natural do organismo. O ideal é respeitar o primeiro alarme e já levantar da cama, jogar uma água no rosto e encarar o dia. Será, certamente, uma manhã com bem mais disposição.

Muita gente costuma passar o dia olhando a caixa de e-mails e redes sociais no trabalho. Isto é um erro. Cada vez que você checa seu e-mail ou suas redes sociais está deixando de fazer as outras atividades e, com isso, sua produtividade cai. Segundo o psicólogo Travis Bradberry, o cérebro precisa de, pelo menos, 15 minutos de concentração para entrar no chamado estado de *flow*, quando toda sua energia está voltada para a execução de uma tarefa. Se o seu trabalho não depende de trocas de e-mails, procure estabelecer horários para a leitura das mensagens ou se habitue a só fazê-la depois que concluir uma tarefa. O mesmo vale para as redes sociais, tão utilizadas atualmente.

Ser produtivo no trabalho também depende da vida pessoal. Horários certos para acordar, dormir, fazer refeições, exercitar-se e, inclusive, para o lazer: tudo isso é imprescindível, afinal, uma mente cansada ou estressada certamente não será produtiva. Noites bem dormidas resultam em dias com mais disposição. Exercícios físicos são mais do que uma questão estética: fazer alguma atividade regular, por pelo menos 30 minutos ao dia, ativa o corpo e a mente. Se for logo pela manhã, é ainda melhor, pois ajuda a aumentar a produtividade. Para completar, nos períodos livres, é sempre bom investir em atividades de lazer e relaxamento para refrescar a mente. São medidas que levam a uma melhora de desempenho não só no trabalho, mas na vida em geral.

Vencer é uma decisão sua*

O mundo é dos vencedores. Parece apenas uma frase feita, mas é uma verdade absoluta. Pessoas perdedoras não têm espaço num mundo tão competitivo. Mas, em primeiro lugar, precisamos definir quem são as pessoas vencedoras: são aquelas que nunca desistiram.

Não importa sua formação acadêmica nem mesmo a experiência profissional. Qualquer um de nós pode chegar muito longe se prestar atenção nas atitudes e nas características dos profissionais de sucesso. Existem muitos passos para se tornar um vencedor em qualquer aspecto da vida, mas alguns são comuns a todos eles, como o otimismo. O oposto de um vencedor é um perdedor, ou seja, alguém que só enxerga as coisas ruins que acontecem. O otimista é aquele que aprende com tudo e com todos. Uma das coisas mais importantes que podemos e devemos aprender é a extrair as lições de nossos erros e derrotas.

Na busca pelo sucesso, também é preciso ter consciência de suas qualidades e de suas fraquezas, ou seja, é preciso ter autoconhecimento. A percepção que temos de nós mesmos precisa ser honesta, para que possamos melhorar a cada dia. Outro ponto a ser lembrado é que é preciso ser dedicado, incansável e eficiente. Os vencedores não contam a dedicação por horas, mas pelos resultados conquistados, independentemente de quantas horas foram gastas com qualquer atividade.

---

* Publicado em: *Jornal União*, 22 maio 2018; *Blog do Mario Pires*, 17 maio 2018; *Blog do Patrício Nunes*, 17 maio 2018; *Portal Jaguarari*, 17 maio 2018; *Parnaíba em Nota*, 17 maio 2018; *Jornal da Cidade*, 18 maio 2018.

É preciso ser criativo. No caminho do sucesso, existem muitos obstáculos e o que distingue as pessoas é a atitude delas em relação aos problemas – se você for criativo, não vai focar no problema, mas na solução.

Ter sucesso não precisa ser necessariamente algo difícil, pois, antes de qualquer coisa, saber como ser um vencedor inclui ter foco e determinação para persistir na realização de seu sonho. O que acontece é que muitas pessoas estabelecem alvos bastante audaciosos na carreira, mas não lembram que seus objetivos precisam ser coerentes com suas habilidades e limitações. É preciso um plano ou uma estratégia para alcançar seus objetivos.

Os verdadeiros vencedores são pessoas que ganham e perdem sempre, pois colocam movimento na sua vida para criar e atrair oportunidades. São aquelas pessoas que vão atrás de seus sonhos, metas e objetivos pessoais, amorosos e profissionais, que buscam conquistar seus sonhos e realizar seus objetivos para serem felizes e realizadas. Quem nunca perdeu ou nunca aceitou uma derrota nunca será um vencedor.

E se você acha que não pode ser um vencedor, pense novamente. Vencedores não nascem vencedores. Por isso, celebre as pequenas vitórias, foque naquilo que você pode fazer melhor e, como resultado, você vai se tornar mais forte, mais sábio e extraordinário.

Trabalhabilidade: o futuro do mercado*

Durante muito tempo, o conceito de empregabilidade se manteve em alta no mercado de trabalho e na sociedade. Com a globalização e o surgimento de novas tecnologias, o profissional precisa se adaptar às exigências do mercado; é disso que trata a empregabilidade. A empregabilidade é a habilidade de se manter com um currículo atrativo no mercado de trabalho para conseguir se manter empregado. Entretanto, com números de desempregados no país que ultrapassam 13% do total de pessoas em idade ativa para trabalhar, surgiu um novo conceito.

Em períodos de mercado de trabalho aquecido, com bom ou alto número de vagas disponíveis, as pessoas focam em sua empregabilidade no ambiente empresarial, buscando estabilidade, segurança e retorno financeiro. Mas, como essa não é a realidade atual, as pessoas precisaram mudar o foco e descobrir outras formas de gerar renda além do emprego com carteira assinada. Foi preciso pensar na sua trabalhabilidade. Mas o que é trabalhabilidade?

Trabalhabilidade é a capacidade de adaptação e de geração de renda a partir de habilidades pessoais. A trabalhabilidade refere-se à capacidade de gerar trabalho, mais além do emprego. É como a pessoa se vê produzindo economicamente, seja como empregado, consultor, empreendedor, enfim, todas as múltiplas formas de trabalho. A trabalhabilidade amplia o conceito de empregabilidade para outras fontes de renda e possibilidades de trabalho, porque o emprego tem limitações e não deve ser encarado como única opção.

---

* Publicado em: *Blog do Patrício Nunes*, 12 ago. 2017; *LeiaJá*, 9 ago. 2017; *Pró Parnaíba*, 14 ago. 2017.

E como saber se você tem trabalhabilidade? Quem possui trabalhabilidade é aquele profissional que, por competência, é capaz de gerar o seu próprio posto de trabalho e também, em muitos casos, gerar trabalho para outros. É capaz de gerar renda, prestar serviços e se manter em atividade colaborando para o bom funcionamento do sistema.

Os jovens se vêm em uma época onde dinamismo é vital, a multifuncionalidade é essencial. No entanto, dominar os instrumentos tecnológicos e o conhecimento profundo sobre mais de um tema aumenta as chances, mas não garante a ascensão da carreira. Focar na trabalhabilidade permite que o profissional tenha autonomia sobre sua carreira, pois assume a capacidade de gerir seu próprio destino e individualiza a responsabilidade sobre seu sucesso.

A redução do emprego é uma tendência evidente atualmente devido à automação de inúmeros processos de produção de bens e serviços, ou seja, a sustentação da carreira e do mercado de trabalho em longo prazo é pautada na tecnologia, e, por consequência demandará mudanças, novas habilidades, novos conhecimentos, novos empregos. Quem foca a trabalhabilidade, em vez da empregabilidade, adquire uma sensação de autonomia na carreira.

Hoje, as competências mais valorizadas pelo mercado são: aplicar os conhecimentos adquiridos; ter flexibilidade e inteligência emocional; possuir qualificação; possuir autoconfiança e valores sólidos; ser capaz de se ajustar as constantes transformações; ter bom desempenho; possuir capacidade de assumir riscos; ter integridade pessoal e profissional; aperfeiçoar a capacidade de atuar em parceria; assumir posições de liderança; etc. Expandir e ampliar seu potencial de trabalhabilidade tem de ser planejado.

Entramos na era do talento, em um cenário que privilegia os profissionais capazes de desenvolver um modo próprio de fazer algo da melhor maneira possível.

Entra em cena o profissional polivalente*

O mercado de trabalho vem passando, nos últimos anos, por grandes e profundas mudanças que exigem do profissional, seja de que área for, novas posturas. Se, no passado, muitos jovens sonhavam em ingressar no Ensino Superior, concluir os estudos, especializar-se em sua área de formação e ter como diferencial um "diploma", agora, o que se vê são outras necessidades, para garantir a sobrevivência no mercado.

O que se busca é o profissional multifuncional ou polivalente, aquele apto ao exercício de diversas atividades, não restrito à sua área de formação. Essa procura é resultado da competitividade e da instabilidade vividas pelas organizações. O profissional polivalente é o profissional do presente e do futuro.

Hoje, é preciso satisfazer as expectativas do mercado, cada vez mais competitivo. Em organizações com departamentos "enxugados" (primeiro pela globalização e desenvolvimento tecnológico e depois pela crise econômica vivida), a diferenciação é a única forma de conquistar e manter seu espaço. Estamos no século do conhecimento, do estudo permanente e continuado. Apenas uma graduação superior não é mais suficiente. É preciso estar sempre se atualizando e se qualificando. Os profissionais precisam, também, ter competências que sejam direcionadas para a geração de negócios para a empresa.

---

* Publicado em: *Blog ABMESEduca*, 25 jun. 2018; *Parnaíba em Nota*, 6 jul. 2018; *Blog do Patrício Nunes*, 5 jul. 2018; *Blog do Mario Pires*, 5 jul. 2018; *Blog do Jota Lídio*, 8 jul. 2018; *Interior PE Notícias*, 6 jul. 2018; *Correio da Paraíba*, 8 jul. 2018; *Blog Edenevaldo Alves*, 8 jul. 2018; *O Liberal*, 10 jul. 2018; *O Imparcial*, 10 jul. 2018; *Jornal do Commercio*, 10 jul. 2018.

O ambiente de trabalho é extremamente competitivo e seletivo, o que faz com que o crescimento e os resultados de uma organização sejam obtidos à custa das competências pessoais, e não só de habilidades técnicas. São pré-requisitos para ter espaço no mercado atual: agilidade, coletividade e capacidade de gerar valor agregado ao produto. O profissional moderno precisa ter habilidade para trabalhar em equipe, compatibilizar inteligência, experiência e expertise e ter uma visão global. E, talvez, o mais importante: é preciso estar predisposto a aceitar mudanças e desafios constantes.

Muitas vezes, o profissional se prepara apenas por meio do estudo, com graduação, pós-graduação, cursos, idiomas, e, quando chega ao seu objetivo dentro de uma empresa, se acomoda. É aí que uma carreira pode entrar em derrocada. Isso porque as empresas contratam pela atitude, já que as atividades profissionais todos são capazes de aprender e desenvolver.

Nesse contexto, o conceito de trabalhabilidade pode ajudar a muitos. Trabalhabilidade é a capacidade de adaptação e de geração de renda a partir de habilidades pessoais. Quem possui trabalhabilidade é aquele profissional capaz de gerar renda, prestar serviços e se manter em atividade colaborando para o bom funcionamento do sistema. Para isso, tem que ser um profissional polivalente. Essa multifuncionalidade ajuda a manter o emprego e a trabalhabilidade.

O profissional que ganhará destaque no perfil do mercado de trabalho atual é aquele que sai da descrição do cargo e vai para a ação. Cada oportunidade em uma empresa é como uma nova escola: há muito o que aprender. Um colaborador com diferentes experiências pode trazer novas ideias e não apenas continuar fazendo o que era padrão.

A vulnerabilidade na internet*

A internet está presente na vida da grande maioria das pessoas e, sem dúvidas, para muitos, ficar longe dos sites e aplicativos é quase uma tortura. Na semana em que um ataque hacker global afetou 74 países e provocou um alerta mundial, voltam-se ao debate questões como a segurança na web e como é possível se proteger desse problema.

A empresa russa de segurança cibernética Kaspersky estimou que, em apenas um dia, foram dezenas de milhares de computadores infectados por hackers usando vírus do tipo ransomware – em que o computador é "sequestrado" e fica inutilizado. Os criminosos pedem um pagamento como forma de resgate para devolver o comando da máquina ao usuário, sendo este considerado um ataque sem precedentes no mundo.

Hospitais, empresas, escolas, órgãos públicos. Todos tiveram que desligar os equipamentos e deixar de funcionar ou realizar atendimento para proteger seus sistemas. O lançamento do vírus se deu depois do vazamento de documentos da Agência Nacional de Segurança dos Estados Unidos (NSA) e pela exploração de uma falha nos sistemas da Microsoft. De acordo com os especialistas, o foco principal foi a Espanha, com nomes como a Telefônica, maior empresa de telecomunicações do país, e bancos como Santander e BBVA sendo os principais alvos.

Diante de situações como essa, em que nossos dados e documentos ficam vulneráveis, cabe questionar: como é possível ter segurança

---

* Publicado em: *Portal Joaquim Nabuco*, 22 maio 2017; *Blog do Ramon Paixão*, 17 jul. 2017.

na web? A globalização chegou e com ela a utilização em larga escala da internet, cada vez mais dinâmica, interativa e repleta de conteúdo. Estamos, cada vez mais, cercados de facilidades no mundo digital.

A troca de informações entre servidores e usuários é rápida e é aí que mora o perigo para pessoas leigas. Os hackers invadem um servidor web e podem implantar códigos maliciosos e redirecionar os usuários para sites falsos, conseguindo, assim, dados ou qualquer outra informação para utilizar de forma maliciosa.

Com as informações captadas, os golpistas costumam efetuar transações financeiras on-line, abrir contas bancárias ilegítimas, criar empresas fantasmas etc. A forma mais simples de se proteger é mantendo os sistemas de computador, *tablet* e celular atualizados. Uma simples atualização dos sistemas por uma versão mais nova já resolve muitos problemas de segurança. Outro ponto importante é manter, sempre, cópias de segurança dos arquivos, assim, casos como o vírus ransomware, que pede o pagamento de um valor para liberação de acesso ao computador, perdem força.

Infelizmente, a internet ainda é considerada um território "sem dono" e problemas como esses não são incomuns. Todos os dias, fraudes bancárias, roubos de senhas etc. acontecem com usuários e empresas e cabe a nós, usuários, seguir os protocolos de segurança das redes para ficarmos, pelo menos um pouco, mais protegidos. Para finalizar, vale ressaltar que o uso sem moderação da internet, assim como de outras tecnologias, pode colocar em risco a sua saúde física, diminuir a sua produtividade e afetar a sua vida social ou profissional.

A importância de não desistir*

Quantas vezes você já olhou para todos os lados, analisou todos os problemas, refletiu sobre as possíveis soluções e, ainda assim, pensou em desistir? Desistir de tudo, desistir dos sonhos, desistir da vida, desistir da felicidade e tudo o mais que faz o seu sangue pulsar? Certamente muitas.

Acontece que somos testados, desafiados, confrontados a todo instante. Seja com situações inesperadas, outras um tanto previstas e até aquelas situações que parecem ser de outro planeta, mas que, ainda assim, surgem para analisar o nosso poder de insistência, a nossa força.

Viver não é uma tarefa fácil ou simples, porém é muito prazerosa. É cheia de encantos, de possibilidades e de grandes aventuras, e é justamente por isso mesmo que, quando nos deparamos com os momentos difíceis, tudo parece perder o sentido e a vontade de recuar surge, querendo ganhar tamanho.

Em uma sociedade altamente conectada, ágil, cheia de afazeres e responsabilidades, é normal encarar os prognósticos do dia a dia como dilacerantes. Estão aí as contas para pagar, as questões de saúde, o comportamento dos filhos, os exemplos de violência, os conflitos internos e tantas outras coisas. Mas, então, vem o questionamento: quem não enfrenta esses dilemas hoje em dia? Todo mundo.

---

* Publicado em: *Blog ABMESEduca*, 26 mar. 2018; *Blog do Mario Pires*, 5 abr. 2018; *Repórter Hoje*, 4 abr. 2018; *Portal O Estado*, 17 jul. 2018; *Blog do Patrício Nunes*, 29 abr. 2018.

Porém, a resolução está na maneira de encarar as situações e em como dar a volta por cima.

Desistir, todo mundo vai querer pelo menos uma vez na vida, mas o seu otimismo precisa ser mais forte e presente, e isso quem diz é a ciência. O nosso cérebro tem a capacidade de elaborar uma estratégia que faz com que nossos neurônios tendenciem ao otimismo, sobretudo para o futuro. Esse mecanismo se chama "viés otimista" e implica a propensão do cérebro humano em enxergar o amanhã como uma grande promessa.

Por isso, é preciso compreender que o otimismo gera iniciativas e essas iniciativas farão com que a palavra desistir não ganhe força.

A importância da autoconfiança na carreira*

O mercado de trabalho é, cada vez mais, exigente, e são inúmeras as características essenciais para quem quer ter sucesso, seja como empregado ou empreendedor. Entre essas características está a autoconfiança, que nada mais é do que ter confiança em si mesmo. Mas, ao contrário do que muitos pensam, ter essa postura não é tão simples. Mesmo quando se tem muito conhecimento sobre determinado assunto ou talento para executar certo tipo de tarefa, mas não existe confiança no próprio potencial, os resultados não vêm.

A autoconfiança abrange muito mais que ter conhecimentos técnicos ou práticos, experiência de mercado etc. Trata-se de acreditar no seu potencial, se achar capaz de alcançar seus objetivos, acreditar em si mesmo. É uma característica necessária em tudo o que fazemos. Pessoas autoconfiantes inspiram confiança e transmitem mais credibilidade. Acabam sendo mais influentes e poderosas.

Claro que ninguém nasce autoconfiante, e essa característica pode e deve ser desenvolvida com o tempo. E por que ser autoconfiante é tão importante? Pessoas autoconfiantes não recuam diante dos obstáculos que encontram no caminho pessoal e profissional. Não desistem, mesmo quando tudo parece conspirar contra seus objetivos. Sabem que podem chegar ao sucesso melhorando suas próprias estratégias. Cultivam bom humor, que influencia no ambiente de trabalho, e procuram tentar aprender sempre mais para fazer o seu melhor.

---

* Publicado em: *Blog ABMESEduca*, 16 abr. 2018; *Folha da Praia*, 18 abr. 2018; *Parnaíba em Nota*, 18 abr. 2018; *Blog do Wagner Gil*, 18 abr. 2018; *Alto Vale*, 18 abr. 2018; *Blog do Vinícius Santana*, 20 abr. 2018; *O Imparcial*, 26 abr. 2018; *O Estado do Maranhão*, 2 maio 2018; *Imirante*, 2 maio 2018.

Prezados, o sucesso acontece quando o conhecimento e/ou o talento encontram uma mente vencedora. O que eu quero dizer com isso? É bem simples: conhecimento e talento sozinhos não chegam a lugar algum. É preciso mais que isso. Para ser protagonista, é preciso querer mais. Nossa mente é o nosso melhor trunfo e é preciso usá-la ao nosso favor, saber explorar a sua infinita capacidade de aprender coisas novas e superar desafios.

A história nos traz grandes exemplos: Walt Disney foi demitido de seu trabalho em um jornal por sua falta de imaginação e boas ideias; Abraham Lincoln perdeu sete eleições antes de se tornar presidente dos Estados Unidos; Steve Jobs foi demitido da própria empresa; J. K. Rowling foi rejeitada por diversas editoras antes de conseguir publicar o primeiro livro de Harry Potter. O que há em comum em todos esses exemplos? Eles não desistiram e acreditaram em seu potencial. Uma pessoa com autoconfiança toma para si a responsabilidade sobre seus atos e consegue reunir forças para se levantar e seguir em frente.

A importância da autoconfiança está na capacidade de um profissional se sobressair em ambientes cada vez mais competitivos e que exigem uma postura diferenciada daqueles que almejam alcançar o reconhecimento pelo seu desempenho. Por isso, reúna esforços para se informar rotineiramente sobre tudo o que diz respeito à sua área de atuação e ao meio social no qual você está inserido.

Há uma frase certa: o fracasso chega para todos. A diferença será a maneira como você vai lidar com ele. Quanto mais autoconfiante você se tornar, mais seguro você será em seu trabalho, na realização de seus sonhos e projetos. Ignore críticas destrutivas e foque apenas no seu autodesenvolvimento, dessa forma, você vai conquistar o que deseja e em pouco tempo.

Ética na vida*

Você sabe o que é ética? E moral? Ética vem do grego *ethos*, que significa "conduta", "modo de ser". Já moral vem do latim *moralis* e quer dizer "costume". Daí, entende-se que a ética tem viés mais individual, enquanto a moral é coletiva. De forma prática, quando se refere ao comportamento de alguns profissionais em suas funções, estamos falando de ética: a ética médica, ética empresarial etc. Dois exemplos: "João teve uma atitude antiética ao furar a fila do banco". "No Brasil, é imoral ter mais de uma esposa, enquanto em alguns países como a Nigéria é moralmente aceito". Percebe a diferença?

Ao falar em ética, é comum pensar na ética profissional, política, mas, na verdade, a ética faz parte do cotidiano. É uma característica de toda ação humana. Nossa ética faz parte de quem somos. Tem mais a ver com o indivíduo do que com a sociedade. É fazer o certo, não para "aparecer" ou mostrar-se bom, mas agir de forma correta até quando ninguém está vendo. Quantas vezes não nos pegamos agindo de forma que, em outras situações, nós mesmos reprimiríamos? Por exemplo, furar uma fila, "colar" em uma prova, perceber um erro em uma conta de bar e não avisar ao garçom. São atitudes antiéticas, que vão contra os princípios morais da sociedade.

A ética não se resume apenas a comportamentos pessoais. No mundo dos negócios, os princípios éticos da empresa devem estar bem claros para os colaboradores, de forma que todos estejam

---

* Publicado em: *Blog ABMESEduca*, 28 maio 2018; *Portal Jaguarari*, 31/05/2018; *Blog do Patrício Nunes*, 31 maio 2018; *Alto Vale*, 30 maio 2018; *Criativa On Line*, 4 jun. 2018; *Blog do Mario Pires*, 2 jun. 2018; *Blog do Ramon Paixão*, 1º jun. 2018; *Parnaíba em Nota*, 1º jun. 2018; *Portal Cearensidade*, 5 jun. 2018; *O Liberal*, 1º jun. 2018; *Blog Nilson Sá*, 6 jun. 2018; *O Estado do Maranhão*, 11 jun. 2018; *Jornal da Cidade*, 13 jun. 2018.

focados em um mesmo objetivo. É preciso ressaltar que ética e transparência precisam andar juntas. Se determinada empresa não trabalha com ética, coerência e transparência, a probabilidade de o ambiente interno para os colaboradores ser ruim é muito alta.

Vê-se, nesse tipo de empresa, uma alta rotatividade de colaboradores, pessoas estressadas e resultados falhos. Empresas que prezam pela ética e transparência são percebidas como positivas pela sociedade e tendem a se firmar no mercado. No caso inverso, as empresas perdem em competitividade e ficam suscetíveis a riscos de imagem e reputação.

A ética, como diz Adolfo Sanchez Vázquez, é a "teoria ou a ciência do comportamento moral dos homens em sociedade". Fica a reflexão: se agir com consciência moral e ética é tão positivo, por que ainda há tantas pessoas que não seguem esses valores? Uma publicação do Instituto Superior de Administração e Economia da Fundação Getúlio Vargas coloca três pontos sobre o tema. Uma primeira causa pode ser a qualidade do aprendizado.

A segunda razão pode ser a imaturidade do raciocínio moral, que pode reduzir valores éticos a comportamentos visando apenas a obediência, para evitar punições. Um terceiro motivo seria o desconhecimento dos outros, determinado por baixo grau de empatia, e o desconhecimento de si, alimentado por autoimagem irreal e autoestima exageradamente alta ou baixa.

No Brasil, a corrupção é o principal exemplo da falta de ética e transparência. É a negação radical da ética, porque destrói as raízes das instituições criadas para garantir direitos. Nesse caso, há inúmeras consequências para a construção da sociedade e a principal delas é a destruição da meritocracia. Para evitar tal efeito, além da justiça, é preciso exigir punição, dentro dos padrões previstos na constituição.

A educação tem um papel determinante nesse contexto, visto que é de sua responsabilidade informar comportamentos éticos e morais para formar futuros cidadãos. Deixo para você um pensamento do psiquiatra e empresário Roberto Shinyashiki: "Seja ético: a vitória que vale a pena é a que aumenta sua dignidade e reafirma valores profundos".

Como desenvolver a coragem*

Muitos até preferem negar, para parecerem mais corajosos, mas a verdade é que todo mundo já sentiu medo em alguma situação. Medo de agir, medo de falar, medo de se arriscar em algum empreendimento. O medo é natural e inerente à natureza humana. Ele é até bom, pois nos faz agir com cautela. O que não podemos deixar é que ele nos impeça de agir. Ele não pode ser maior que sua vontade de seguir em frente. Para vencer o medo, é preciso coragem.

A coragem não é a total ausência de medo, mas é não ceder ao medo, é manter-se em movimento mesmo na insegurança. É se libertar das amarras que lhe prendem no lugar. É conseguir agir apesar do medo. Tentar fugir do medo ou disfarçá-lo só o torna mais forte.

Nossa cultura nos ensina que demonstrar emoções é sinal de fraqueza. O efeito prático, no entanto, é justamente o contrário: o medo e essas emoções são potencializados. Não dê tempo ao seu cérebro para criar esses argumentos. Em alguma situação que você sabe que pode ter medo, procure não pensar muito e apenas agir. Quanto mais você pensa, mais tempo o medo tem para tomar conta do seu pensamento e lhe deixar em estado de paralisia.

Para desenvolver a coragem, você precisa, antes de tudo, se conhecer. Saber quais são suas limitações e suas habilidades, além de

---

* Publicado em: *Blog ABMESEduca*, 30 jul. 2018; *Jornal do Commercio*, 14 ago. 2018; *Jornal União*, 15 ago. 2018; *Parnaíba em Nota*, 15 ago. 2018; *Blog do Mario Pires*, 15 ago. 2018; *Blog do Wagner Gil*, 15 ago. 2018; *Blog do Patrício Nunes*, 16 ago. 2018; *Blog Merece Destaque*, 16 ago. 2018; *Convocação Geral*, 19 ago. 2018; *Portal Jaguarari*, 17 ago. 2018; *Correio da Paraíba*, 19 ago./08/2018; *Blog do Ramon Paixão*, 23 ago. 2018; *O Estado do Maranhão*, 24 ago. 2018.

pensar no que é realmente importante para você, ajuda a criar coragem para assumir posturas diante das situações da vida. Uma boa estratégia é tentar entender seus medos, de onde eles vêm, porque acontecem e porque lhe impedem de seguir. Conhecendo-os, fica mais fácil de lutar contra eles. O mais importante é mudar de atitude. Reveja seus erros, suas fraquezas e gere mudanças.

É muito comum termos medo em nossas carreiras profissionais. Medo de mudar de emprego, medo de abrir um negócio próprio, medo de errar, medo até de assumir uma posição superior no trabalho. Mas ele não pode impedir seu progresso e seu desenvolvimento profissional. Se você recebe uma proposta profissional ou tem um desejo, é porque você tem qualidades que chamam atenção da pessoa ou da organização que lhe fez o convite.

Para lutar contra o medo, é importante ter uma mudança de pensamento. Pare de pensar no que tem a perder, no que pode dar errado, e comece a focar nos benefícios que terá como resultado. Você precisa avaliar se os prós são maiores que os contras de uma decisão. Se forem, de fato, mais vantajosos, é hora de vencer esse medo e seguir em frente.

Depois de mudar o pensamento, você precisa mudar suas ações. Vá vencendo seus pequenos medos, aquelas situações mais simples do dia a dia, que, aos poucos, você se tornará mais corajoso e, enfim, se sentirá apto a vencer seus maiores medos. A coragem não é algo que se cria da noite para o dia, mas um processo de autodescobrimento que vai lhe tornar melhor.

Como tomar decisões rápidas*

Você já perdeu uma oportunidade por que não conseguiu tomar uma decisão a tempo? A maioria de nós já passou por isso. Sempre queremos tempo para analisar as possibilidades, pensar nas consequências, fazer a melhor escolha, mas nem sempre dispomos desse tempo. Principalmente no mundo empresarial, muitas vezes, é preciso fazer escolhas em um tempo curto. E como fazer isso de maneira rápida? A resposta para isso é simples e complexa ao mesmo tempo: prática. A prática na tomada de decisões leva você a se aperfeiçoar na técnica e, assim, conseguir escolher mais rapidamente e de maneira mais acertada.

Para tomar decisões de forma rápida e certeira, antes de tudo, você precisa estar em um bom estado físico. Tomar uma decisão cansado, com fome ou com sono não é uma boa ideia, pois sua mente não vai estar em pleno funcionamento. Busque dar atenção às decisões mais importantes sempre nos momentos em que sua cabeça ainda não foi consumida por outros problemas. Assim, a chance de fazer a melhor escolha aumenta.

Muita gente pensa que ter menos opções ajuda a tomar uma decisão. De certa forma, isso pode até parecer certo, mas o fato é que, tendo apenas duas opções, por exemplo, você deixa de ter outras possibilidades mais criativas e completas. Entretanto, com três ou quatro alternativas, você tem mais parâmetros para avaliar a situação e mais possibilidades de atuação. Avalie-as de forma prática,

---

* Publicado em: *Blog ABMESEduca*, 13 ago. 2018; *O Liberal*, 23 ago. 2018; *Blog do Mario Pires*, 22 ago. 2018; *Interior PE Notícias*, 23 ago. 2018; *O Imparcial*, 29 ago. 2018; *O Estado do Maranhão*, 27 ago. 2018.

separando as que não parecem boas para você. Com o tempo, fica fácil reconhecer padrões nas decisões que você precisa tomar, situações que se repetem, o que abrevia ainda mais o tempo de escolha.

Jeff Bezos, Fundador da Amazon, disse certa vez que divide as decisões que precisa tomar em dois grupos: as que podem ser revertidas e as que não podem ser revertidas. Se você pode voltar atrás futuramente em uma decisão, então não há porque gastar tanto tempo pesando prós e contras. Apenas decida e, se necessário, desfaça a escolha. Agora, se você não poderá voltar atrás, é melhor, de fato, dedicar um pouco mais de tempo na avaliação do problema. O problema, ainda segundo Bezos, é que muitas empresas confundem esses dois tipos de decisões, considerando todas como irreversíveis. Isso resulta em lentidão no processo decisório. O contrário, considerar todas as decisões reversíveis, também é nocivo. Portanto, saiba identificar bem o tipo de decisão que precisa tomar.

Caro leitor, tenha uma coisa em mente: tomadas de decisões fazem parte da nossa vida pessoal e profissional. São inevitáveis. O que podemos fazer é nos acostumarmos a elas e nos aperfeiçoarmos no processo. Isso só vem com a prática. Quanto mais praticar as decisões rápidas, mais naturalmente isso vai acontecer. Ocasionalmente, você fará escolhas erradas, mas terá que conviver com elas. Ninguém é perfeito. Por isso, não deixe de tomar decisões por medo de errar. Saiba que a indecisão é que mata, não a decisão errada. Portanto, evite ficar nessa de "não sei qual a melhor opção, preciso pensar". Aja com calma, mesmo nas situações mais imediatistas. Confie no seu talento e no seu instinto.

Empreender na era digital*

Ainda hoje é comum falar-se no desenvolvimento da internet como um fato ainda em curso. Não podemos pensar assim. A rede digital já é um fato de nosso cotidiano e abarca diversas faces de nossas vidas. Lidar com ela sob esse prisma é a melhor forma de manter-se atualizado e não ficar para trás em diversos aspectos. Um campo em que saber utilizar bem a tecnologia é o profissional, notadamente para quem quer empreender.

Abraçar a tecnologia e fazer dela um aliado não é mais opção nem pode ser um plano de futuro, mas é praticamente uma regra para quem quer se destacar no mercado de trabalho na era digital. Acontece que, hoje, há soluções tecnológicas para praticamente tudo e elas podem ser utilizadas para impulsionar qualquer empreendimento.

Em seu livro "Vai lá e faz: como empreender na era digital e tirar ideias do papel", Tiago Mattos defende que, no futuro, os empregos vão desaparecer e seremos todos freelancers, autônomos ou profissionais liberais. Com isso, todos seremos, então, empreendedores. Como tal, será necessário se empenhar mais em qualquer trabalho, saber diferenciar-se, investir na capacitação e no aperfeiçoamento. Será também preciso, cada vez mais, ser resolvedor de problemas. E que melhor maneira de resolver problemas do que com a tecnologia? Ela será nossa grande aliada.

Esse novo mundo essencialmente digital muda os parâmetros de concorrência do mercado – o que já vem ocorrendo há alguns anos, mas algumas empresas insistem em não aceitar. Os concorrentes deixaram de ser aqueles da mesma rua, mesmo bairro, mesma cidade

---

* Publicado em: *Diario de Pernambuco*, 28 jun. 2019; *LeiaJá*, 26 jun. 2019.

ou estado. Minha empresa pode ser ameaçada por outra sul-coreana, que oferece um produto ou serviço igual ao meu e pode tomar meus clientes. Aceitar esse fato e saber usá-lo a seu favor é para quem tem inteligência empreendedora.

Empreender é saber inovar, criar novas soluções para velhos problemas. Hoje, para inovar, muitos são os recursos disponíveis, dado o avanço da tecnologia. Não dá mais para querer só fazer as mesmas coisas de sempre. Para ter sucesso e se destacar nesse mundo globalizado, digital e disruptivo onde o mercado é altamente concorrido, é preciso investir na inovação e tecnologia é a melhor forma de fazê-lo. Ganha quem souber melhor utilizar as opções disponíveis e tiver mais criatividade para oferecer soluções inovadoras e cativantes para o público. Não é fácil, dá trabalho, mas, quando bem feito, é um tiro certeiro.

O caminho é mais importante que o fim*

No mundo corporativo e do empreendedorismo, muito se fala que, para alcançar um objetivo, é preciso focar nele, no seu destino e lutar muito para atingi-lo. Não discordo. Acredito ser necessário, quando se tem um sonho ou desejo, transformá-lo em um objetivo e usar todos os recursos necessários, com muita garra e determinação, para tornar esse sonho uma realidade.

Porém, o que muitos esquecem é que, entre o início e o fim dessa jornada, há um caminho longo a se percorrer e que, nele, você pode viver inúmeras experiências enriquecedoras. E é nesse processo que é importante focar, muito mais do que no objetivo final.

Acontece que a trilha para a concretização de um sonho geralmente é longa e tem várias etapas. Cada uma dessas etapas, quando concluídas, são pequenas vitórias a serem celebradas, fases que trazem experiência, amadurecimento e conhecimento. Esse caminho também exige de quem o percorre diversas competências e habilidades, como ousadia, coragem, determinação, compromisso, disciplina, foco, resiliência, atenção, entre outras. É, também, uma oportunidade de crescimento, tanto pessoal quanto profissional, ao se desenvolver essas características.

Ninguém nasce pronto. Ninguém sabe de tudo. Pense que a sua jornada em direção ao seu sonho é o momento de preparar-se, saber mais, crescer, ser feliz e viver. Sendo assim, é muito proveitoso buscar o conhecimento. Aliás, é essencial. Quem não procura se capacitar dificilmente chegará ao tão sonhado fim do caminho. É que

---

* Publicado em: *Diario de Pernambuco*, 26 jul. 2019; *Fatos PB*, 1º ago. 2019; *Blog da ABMES*, 31 jul. 2019.

você vai passar por diversas situações que exigirão conhecimento e preparação para serem superadas.

Também devemos usar o processo todo para aprender com os erros. É nos pequenos enfrentamentos do dia a dia, com os percalços, erros e fracassos que se aprende. O erro é nosso maior professor, pois nos ensina, além da maneira como não fazer, a ver um problema de forma diferente e reforçar nossa resiliência e determinação.

Muita gente sonha com algo. Deseja muito. Quer alcançar aquele objetivo. Mas, esquece que, para chegar lá, é preciso uma série de passos. Outros depositam sua realização pessoal apenas naquele ponto final, não lembrando que, antes dele, há vários estágios que representam conquistas menores a serem valorizadas, e que o real sucesso e a felicidade estão no caminho, nunca no destino. Por isso, para ser bem-sucedido, procure focar no caminho, e não no destino, pois ele lhe trará as mais belas e enriquecedoras experiências.

Sustentabilidade deve ser um dos pilares empresariais*

Há vinte anos, poucos empresários consideravam importante o respeito ao meio ambiente. Atualmente, a sustentabilidade é um elemento central na atividade das empresas e cada vez mais essencial na estratégia delas. Durante muito tempo se acreditou, erroneamente, que a sustentabilidade estaria diretamente relacionada ao meio ambiente. Entretanto, essa ideia é dividida em três principais pilares: social, econômico e ambiental. Para se desenvolver de forma sustentável, uma empresa deve atuar de forma que esses três pilares coexistam e interajam entre si de forma plenamente harmoniosa.

O pilar ambiental refere-se, basicamente, à preservação do meio ambiente e dos recursos naturais, além da redução do desperdício de materiais. O social compreende ao capital humano relacionado às atividades do empreendimento, incluindo a comunidade, o público-alvo, os fornecedores e a sociedade em geral. E, finalizando, o econômico inclui assuntos referentes a produção, distribuição e consumo de bens e serviços, considerando os pilares ambiental e social.

Para a ONU, entre os dez objetivos que o mundo poderia adotar para atingir o desenvolvimento sustentável, estão erradicar a pobreza extrema, incluindo a fome; assegurar o aprendizado efetivo de todas crianças e jovens para a vida e a subsistência; alcançar a saúde

---

* Publicado em: *Blog do Wagner Gil*, 29 nov. 2017; *Blog do Ramon Paixão*, 29 nov. 2017; *Agência Fortaleza de Notícias*, 29 nov. 2017; *Parnaíba em Nota*, 29 nov. 2017; *Folha de Macaíba*, 29 nov. 2017; *Parnaíba em Nota*, 29 nov. 2017; *Gazeta de Alagoas*, 1º dez. 2017; *O Estado (CE)*, 4 dez. 2017; *Ceará Pop Marketing*, 1º dez. 2017; *Portal Interative*, 3 dez. 2017; *Criativa On Line*, 11 dez. 2017; *Blog do Mario Pires*, 11 dez. 2017; *Proparnaiba*, 11 dez. 2017.

e o bem-estar para todas as idades; melhorar os sistemas agrícolas e aumentar a prosperidade rural; tornar as cidades mais inclusivas, produtivas e resilientes; entre outros.

O desenvolvimento sustentável já é um assunto recorrente na sociedade mundial. A assiduidade das pautas de discussão está ligada diretamente à urgência e à necessidade de se criar movimentos para equilibrar as ações desenvolvimentistas do homem e da preservação dos recursos naturais. Assim, pensar no desenvolvimento sustentável implica considerar a necessidade de recuperar o patrimônio natural, preservar os ecossistemas e definir o uso racional dos recursos, permitindo o equilíbrio socioeconômico e cultural.

Mundialmente, o consumidor brasileiro é menos preocupado com a preservação dos recursos naturais do que os consumidores dos países desenvolvidos. Nos EUA, ações de premiação para as empresas que agem sustentavelmente já alcançam 50% da população consumidora. Essa relação fica ainda mais clara quando analisamos o percentual das pessoas que buscam os produtos ecologicamente corretos: nos países desenvolvidos, esse número é de 39%, enquanto, aqui, os percentuais são de 13%.

O papel da educação e da erradicação da pobreza é extremamente importante para atingir os objetivos propostos pela ONU. Um país que investe em educação está investindo em desenvolvimento – econômico e sustentável. É preciso criar e ter a consciência de que assegurar esse equilíbrio entre o desenvolvimento dos países e a preservação do meio ambiente significa, acima de qualquer outro objetivo, garantir que nossos filhos, netos e bisnetos tenham condições mínimas de sobrevivência.

A busca das empresas pelo equilíbrio de suas ações nas áreas econômica, ambiental e social, visando à sua sustentabilidade e a uma contribuição cada vez mais efetiva à sociedade, é hoje um fato. Para medir esse equilíbrio, alguns modelos e ferramentas de gestão, globalmente aceitos, têm sido utilizados no dia a dia empresarial para o aperfeiçoamento de seus processos e ações.

Mas a sustentabilidade, entendida no ambiente corporativo como fator estratégico para a sobrevivência dos negócios, é bem mais que um princípio de gestão ou uma nova onda de conceitos abstratos. Representa um conjunto de valores e práticas que deve ser incorporado ao posicionamento estratégico das empresas para definir posturas, permear relações e orientar escolhas.

Sustentabilidade muito além das políticas ecologicamente corretas*

Quando olhamos para o mundo que nos cerca, é possível imaginar e aceitar que tudo o que vemos pode acabar? E quando me refiro ao fim, quero levantar a reflexão justamente para o esgotamento dos recursos naturais, e não apenas para a escassez de todos os elementos utilizáveis da terra.

De acordo com a Organização Meteorológica Mundial (OMN), o ano de 2017 está entre os três anos mais quentes desde que há registros – reflexo de um termo muito comum utilizado nos últimos anos chamado de "aquecimento global", e que traz como consequência um clima propício a terremotos, inundações e secas. O assunto, que já foi consideravelmente discutido, está sendo base de estudos científicos apresentados na 23ª Conferência do Clima das Nações Unidas, realizada até o dia 17 de novembro em Bonn, na Alemanha, com a presença de membros de 196 países.

Entre as constatações plausíveis que se pode fazer sobre todos esses acontecimentos climáticos, a sustentabilidade chega como forma rápida, direta e eficaz de combate aos fatores agressivos do nosso planeta. E quando me refiro ao termo sustentabilidade, reforço a ideia de que ele vai muito além da economia de energia e água, da coleta seletiva e da reciclagem. Não se limita a entender que ser sustentável é diminuir a produção de resíduos e do uso de agrotóxicos ou simplesmente preservar o meio ambiente.

---

* Publicado em: *Blog do Wagner Gil*, 22 nov. 2017; *Parnaíba em Nota*, 22 nov. 2017; *Jornal de Parnaíba*, 22 nov. 2017; *Blog do Ramon Paixão*, 22 nov. 2017; *Blog do Mario Pires*, 22 nov. 2017; *O Liberal*, 23 nov. 2017; *Portal Interative*, 24 nov. 2017; *Blog do Patrício Nunes*, 30 nov. 2017.

Adotar práticas ecologicamente corretas também inclui alternativas viáveis e diversas. Ou seja, a alimentação é um forte canal para desempenharmos hábitos saudáveis e conscientes. Alimentos naturais e orgânicos funcionam como válvulas propulsoras de um forte sistema que envolve a preservação do ar, do solo, da água e, sobretudo, da saúde. Dessa forma, a sustentabilidade aplicada à alimentação se enquadra na sustentabilidade ambiental. Essa é a verdadeira ideia: precisamos descascar mais em vez de desembrulhar.

Além disso, engana-se quem pensa que a educação não tem muito a oferecer sobre o tema. Arrisco-me a dizer, inclusive, que ela é a maior e mais importante arma de prevenção e solução dos problemas que envolvem o esgotamento dos recursos naturais do nosso planeta. A diferença consiste na formação de uma sociedade que não vai apenas pensar em solucionar as questões já existentes que ameaçam a nossa sobrevivência, mas também na implementação de hábitos que vão prevenir e evitar que muitos problemas ambientais aconteçam. Enxergar que o planeta precisa ser salvo vai muito além da solução dos contratempos, ela se baseia principalmente na prevenção e na apropriação de hábitos conscientes.

17 metas para o desenvolvimento sustentável*

Garantir uma vida com dignidade. Esse é o princípio dos 17 Objetivos de Desenvolvimento Sustentável (ODS) da Organização das Nações Unidas (ONU) e que devem ser implementados por todos os países do mundo até 2030.

Foram 150 países reunidos para definir um acordo que contempla 17 objetivos e 169 metas, envolvendo temáticas diversificadas, como erradicação da pobreza, segurança alimentar e agricultura, saúde, educação, igualdade de gênero, redução das desigualdades, energia, água e saneamento, padrões sustentáveis de produção e de consumo, mudança do clima, cidades sustentáveis, proteção e uso sustentável dos oceanos e dos ecossistemas terrestres, crescimento econômico inclusivo, infraestrutura e industrialização, governança e meios de implementação.

Importante ressaltar que o ODS se aplica a todos os Estados-membros das Nações Unidas, ou seja, isso reflete o reconhecimento e a consciência de que todos os países – desenvolvidos e em desenvolvimento – têm desafios a superar quando se trata de promover o desenvolvimento sustentável nas esferas social, econômica e ambiental.

Também chamado de Agenda 30, o plano não se limita apenas a propor os objetivos, mas trata dos meios de implementação e acompanhamento da concretização desses objetivos e metas. Esse debate engloba questões de alcance sistêmico, como financiamento para o

----

* Publicado em: *Série Fatos PB*, 7 mar. 2017; *Correio de Sergipe*, 23 mar. 2017; *Jornal da Cidade*, 29 mar. 2017; *Blog do Ramon Paixão*, 18 mar. 2017; *Jornal Grande Bahia*, 20 mar. 2017.

desenvolvimento, transferência de tecnologia, capacitação técnica e comércio internacional. Da mesma forma, o acompanhamento direto da ONU vai proporcionar aos países relatar êxitos e desafios, tornando-a capaz de ajudá-los a traçar estratégias para alcançar o desenvolvimento sustentável.

O impacto da Agenda 30 pode ser imenso tanto para as nações quanto para as empresas, pois ela deve influenciar os tomadores de decisão, sejam eles das esferas de políticas públicas, governamentais ou do setor privado. Em termos mais pragmáticos, a Agenda 2030 muda a noção de progresso e desenvolvimento de todos.

O exemplo mais simples para entendermos isso é que já citei em textos anteriores que precisávamos buscar novas fontes de energia. Hoje, já não é mais aceitável que se construam grandes hidrelétricas, sob o custo altíssimo de deslocar populações ou de ter perdas significativas de florestas e de biodiversidade. É preciso pensar em soluções que beneficiem tanto a produção de energia como a possibilidade de as pessoas permanecerem em suas localidades. É preciso uma formulação de políticas energéticas. Há que se pensar em fontes alternativas de energia, como a solar e a eólica.

No Brasil, foi criada uma força-tarefa do Sistema ONU sobre a Agenda 30, com a participação de 18 agências da ONU. Para a adequação dos Objetivos de Desenvolvimento Sustentável à realidade brasileira, foi criado o Grupo de Trabalho Interministerial, reunindo os Ministérios e órgãos da administração pública federal que já trabalharam subsidiando a posição brasileira nas negociações da elaboração dos ODS.

Por aqui, já avançamos em alguns dos objetivos. Na erradicação da pobreza e da fome, por exemplo, o país reduziu de 25,5% para 3,5% o número de brasileiros em situação de pobreza extrema. Também está entre as metas reduzir em 43% as emissões de gases de efeito estufa e acabar com o desmatamento ilegal até 2030.

Ainda estamos longe de alcançar todos os objetivos, tanto no Brasil quanto no restante do mundo. Entretanto, a Agenda 30 traz a esperança e a oportunidade para que a nova geração, que descobre todos os dias novas tecnologias e possibilidades, faça o que é preciso fazer para acabar com a pobreza. As novas gerações podem transformar vidas e, ao mesmo, encontrar formas de proteger o planeta.

Consciência de consumo e de futuro*

Em tempos de crise, há que se pensar com cuidado no futuro do país. Falo do futuro tanto econômico quanto social e ambiental. Como fazer para manter o equilíbrio e contribuir para que nós e o país possamos “sobreviver”. A chave está no consumo consciente, ou seja, usufruir dos recursos de forma responsável, pensando no reflexo de cada ato tanto para a economia pessoal quanto para a qualidade de vida no planeta.

O consumo consciente é uma questão de hábito. Segundo a Organização das Nações Unidas (ONU), se a população mundial continuar crescendo e mantiver o estilo de vida atual, em 2050, serão necessários três planetas Terra para suprir os recursos naturais necessários. A situação é preocupante e fez a Organização incluir, entre os 17 objetivos de sua Agenda 2030 para o Desenvolvimento Sustentável (da qual o Brasil é signatário), o consumo e a produção responsáveis.

O texto propõe, até 2030, reduzir pela metade o desperdício de alimentos *per capita* mundial e reduzir as perdas de alimentos ao longo das cadeias de produção e abastecimento. Também orienta as nações a reduzirem substancialmente a geração de resíduos por meio de prevenção, redução, reciclagem e reuso.

Um estudo da Global Footprint Network indica que estamos consumindo 1,7 Terras por ano, ou seja, quase o dobro do que o planeta pode produzir. Nesse ritmo, a organização afirma que o dia 1º de agosto deste ano é o dia em que o consumo superará a produção

---

* Publicado em: *Jornal da Cidade*, 7 jul. 2018; *Blog do Patrício Nunes*, 28 jun. 2018; *Parnaíba em Nota*, 28 jun. 2018; *O Liberal*, 29 jun. 2018.

– data que vem chegando mais cedo a cada ano. Pior: se o planeta todo tivesse os hábitos de consumo do Brasil, essa virada ocorreria em 19 de julho.

Três verbos que nos transformam em consumidores conscientes e nos ajudam a manter o controle: planejar, avaliar e escolher. Planeje para comprar menos e melhor, sem impulsos. Avalie a necessidade. Estamos em um momento delicado da economia e excessos podem acabar gerando problemas maiores. Escolha com calma, pesquise antes de realizar uma compra. Tal postura, além de reduzir o consumo desnecessário, ajuda a encontrar melhores preços e até juros mais baixos.

Economizar água e energia e aprender a controlar gastos pessoais têm sido tarefas árduas para muitas pessoas, no entanto, essas dificuldades podem ser minimizadas se mudarmos nossos atos no dia a dia, promovendo melhores condições de vida. É preciso buscar novas alternativas no setor elétrico, buscando formas de produção de energia que não dependam das hidrelétricas. Também necessitamos debater formas de consumo da água, um problema que não é novo, porém ainda pouco falado.

Devemos utilizar as recentes crises de escassez de água e energia elétrica como aprendizado e como reflexão sobre a maneira como consumimos tais recursos. Toda crise é uma ótima oportunidade para aprender, mudar comportamentos e atitudes. Além disso, ela pode e deve ser usada para criar novas oportunidades.

De nada vão adiantar campanhas para redução de consumo se elas ficarem restritas apenas aos períodos críticos. Mais vale a educação e a propagação do consumo consciente do que, a cada período de dificuldade, precisarmos mudar nossos hábitos de forma drástica. Pensar no futuro permite viver melhor até mesmo o presente.

Responsabilidade social deve fazer parte da missão das instituições de educação superior*

No Brasil, a desigualdade social tem sido um cartão de visita. Segundo o Relatório Desenvolvimento Humano 2017 (PNUD/ONU), o país aparece entre os 10 mais desiguais do mundo. A baixa escolaridade e a falta de acesso à educação contribuem, entre outros graves fatores, para a estagnação socioeconômica, que tende a se acumular. Por isso, melhorar esse índice deve ser uma preocupação das instituições de Ensino Superior (IES), que, além de proporcionar uma boa formação do profissional para o mercado do trabalho, precisam desenvolver cidadãos conscientes e engajados em questões socioambientais.

Dentro desse contexto, ações de responsabilidade social devem estar incluídas na missão de cada IES, assumindo, institucionalmente, por meio de professores, alunos e funcionários, a responsabilidade de criar projetos e ações que contribuam para um desenvolvimento sustentável, visando uma sociedade melhor e mais participativa.

Uma das características de um país desenvolvido é possuir uma taxa de escolarização elevada, garantindo uma educação mais inclusiva, com acesso assegurado a toda a sociedade, o que não vem ocorrendo no Brasil. De acordo com o mesmo relatório da ONU, desde 2014, o país vem se mantendo no 79º lugar no Índice de Desenvolvimento Humano (IDH), no ranking que abrange 188 países, do mais ao menos desenvolvido. O IDH é medido anualmente pela

---

* Publicado em: *Jornal Grande Bahia*, 1º out. 2017; *Olá Bahia*, 3 out. 2017; *LeiaJá*, 27 set. 2017.

ONU e utiliza indicadores de renda, saúde e educação. Daí a importância de criar recursos para expandir o acesso à educação e às ações de responsabilidade social, estimulando a produção de novos conhecimentos com viés solidário e a condução de ações com efeito multiplicador. Dessa forma, ações de responsabilidade vão indicar o comprometimento das IES com o desenvolvimento socioeconômico, tão urgente em nosso país.

Tanto as IES públicas quanto as particulares devem criar novos meios de se envolver nessas questões, sem contar com políticas governamentais, mas com ações de iniciativa própria. Atualmente, a força do setor da Educação Superior privada vem crescendo. As IES particulares já representam mais de 75% das matrículas no país. Dentro desse escopo, cresce ainda mais a responsabilidade destas em desenvolver ações concretas que incluam a sociedade, a fim de dirimir diferenças sociais e promover a expansão da educação.

Todos pela Amazônia*

A preservação da Floresta Amazônica ganhou mais um capítulo após a decisão do presidente Michel Temer em autorizar a extinção de uma reserva natural de mais de quatro milhões de hectares na Amazônia para permitir a exploração privada de minérios como ouro, manganês, cobre e ferro na área. Trata-se da Reserva Nacional de Cobre e Seus Associados (Renca), uma área com alto potencial de ouro e outros metais preciosos que fica entre o Pará e o Amapá, com 46.450 quilômetros quadrados, pouco maior que a Dinamarca.

A reserva foi criada em meados de 1984, ainda durante o regime militar. No local, estão partes de três Unidades de Conservação (UC) de proteção integral, de quatro unidades de conservação de uso sustentável e de duas terras indígenas. Essa região, no início da década de 1980, foi comparada à Serra dos Carajás por seu potencial mineral, que despertava o interesse de investidores brasileiros e estrangeiros.

Imediatamente, a iniciativa foi criticada por especialistas brasileiros e estrangeiros, pela população nacional e mundial, que acreditam que os prejuízos da mineração serão sentidos amplamente com a exploração daquela que é uma das três maiores florestas tropicais do mundo e representa mais da metade das florestas tropicais remanescentes no planeta, inclusive com liminar da justiça federal do Distrito Federal suspendendo o Decreto. A Floresta Amazônica compreende a maior biodiversidade em uma floresta tropical no mundo e é um dos seis grandes biomas brasileiros.

O Brasil tem uma enorme rede de áreas protegidas, cobrindo quase 2,2 milhões de quilômetros quadrados. Essa rede protege biomas

---

* Publicado em: *Jornal União*, 8 set. 2017; *LeiaJá*, 6 set. 2017.

com uma enorme biodiversidade e presta riquíssimos serviços ecossistêmicos globais, um dos motivos que tornou o Brasil um líder ambiental, com papel de destaque em fóruns internacionais como as conferências climáticas da ONU. Autorizar a exploração dessa reserva é, além de exploração demográfica, promover o desmatamento, perder biodiversidade e comprometer os recursos hídricos, incentivando o acirramento dos conflitos fundiários e ameaçando povos indígenas e populações tradicionais que fazem parte da história do nosso país.

Infelizmente, em um ambiente complexo como esse, a derrubada e a queima de árvores e do solo, o plantio de outras plantas e o uso de agrotóxicos, a criação de gado são fatores que contribuem para a perda desse bioma rico e importante. Com as intervenções humanas, os solos começam a ficar cada vez mais pobres em nutrientes e contaminados com substâncias provenientes da extração do ouro e outros minerais, as erosões começam a se intensificar e áreas que não eram alagadas passam a ser. É um processo em cadeia. Com o corte de árvores ocorrem incêndios florestais, pois as árvores de grande porte constituem uma barreira de proteção contra incêndios. Calcula-se que 17% da área está devastada ou ocupada.

Há compromissos de clima e biodiversidade que assumimos internacionalmente e salvaguardas socioambientais que devem ser consideradas nesses processos. Não podemos retroceder e o governo precisa garantir a integridade das Unidades de Conservação e terras indígenas da região, impedindo que as florestas que ficaram sem proteção continuem sendo vítimas da exploração territorial e do desmatamento.

CAPÍTULO III
EDUCAÇÃO E CARREIRA

Educação criativa*

Falar de educação é pensar, normalmente, na educação tradicional, com a figura do professor e, mais recentemente, o uso das tecnologias nas salas de aula como um suporte de aprendizado. No entanto, esse conceito vem mudando, junto com a expectativa de pais e filhos em relação às escolas.

Educação é a maneira que a nossa mente e os nossos comportamentos são moldados para viver em sociedade. É errado pensar que nesse processo devemos inibir nossa criatividade, afinal, ela é parte fundamental para o processo educacional. A criatividade é ferramenta principal dos empreendedores e deve ser encarada como chave para tudo: é através dela que o homem consegue superar a maioria de seus problemas.

Quando se fala de criatividade, achamos que ela está ligada exclusivamente às artes. Quase não imaginamos que a criatividade é uma capacidade que todo ser humano possui e que pode ser desenvolvida, mas também pode ser reprimida. Na educação antiga, a criatividade era reprimida, porém, esse pensamento tem mudado e, cada vez mais, estamos influenciando nossas crianças e jovens a serem criativos.

Muitas escolas e outros espaços ligados à educação têm tentado adotar um tipo de educação diferenciada e inovadora, mas na verdade

---

* Publicado em: *Diario de Pernambuco*, 7 jun. 2019; *Blog do Patrício Nunes*, 10 jun. 2019; *Blog do Mario Pires*, 10 jun. 2019; *Jornal Informa Digital*, 10 jun. 2019; *Faxaju*, 10 jun. 2019; *Espaço Livre Notícias*, 10 jun. 2019; *Info TC*, 10 jun. 2019; *Somos Notícia*, 10 jun. 2019; *Blog ABMESEduca*, 12 jun. 2019; *Portal Cearensidade*, 11 jun. 2019; *Bahia Política*, 11 jun. 2019; *Criativa On Line*, 11 jun. 2019; *Diário do Comércio*, 14 jun. 2019; *AL1*, 13 jun. 2019; *Correio Notícia*, 22 jun. 2019; *Blog Cidadania com França Moura*, 22 jun. 2019; *Valor do Vale*, 11 jun. 2019.

acabam caindo no mesmo modelo educacional de anos atrás. Por isso, é fundamental entender a importância da criatividade e saber como ela pode ser estimulada no processo educacional, permitindo que a escola esteja mais conectada com o mundo contemporâneo.

Estimular a criatividade no cotidiano de uma sala de aula é um desafio quando nem o currículo nem a própria organização escolar são pensados nesse sentido. Mesmo não é impossível. É possível trabalhar de forma que o processo de criação caminhe em paralelo ao conteúdo das disciplinas tradicionais, favorecendo o aprendizado e a busca por novas respostas para as situações.

Talvez a melhor definição de educação criativa é aquela que nos instiga a descobrir nosso potencial e nossas possibilidades. Investir na educação criativa é a inovação do ensino. É ter a certeza de que o currículo escolar precisa de aulas de português, matemática e inglês, mas precisa também de robótica, artes, música e gastronomia. É enxergar uma nova maneira de ensinar e, também, de aprender.

Plano Nacional de Educação e metas inalcançáveis*

Passados dois anos após a divulgação das metas para o Plano Nacional de Educação (PNE) 2014-2024, pouca coisa mudou. Esse foi o resultado do relatório do 1º ciclo de monitoramento das metas do Plano Nacional de Educação para o biênio 2014-2016. Das 20 metas previstas, nenhuma foi cumprida integralmente. Entre elas, a que determina o investimento mínimo em educação.

Desde sua aprovação, o PNE foi motivo de certo otimismo para os ativistas da educação. A meta mais ousada é, sem dúvida, o investimento de 10% do Produto Interno Bruto (PIB) para a área até 2024. Essa também é uma das metas mais distantes depois da aprovação da PEC 55, que vai congelar os gastos primários (saúde, educação, assistência social, cultural e outros) do Governo Federal por 20 anos, fazendo com que o reajuste de cada ano aumente apenas de acordo com a inflação do ano anterior.

Algumas outras metas não cumpridas também chamam a atenção: sobre a alfabetização, o relatório diz que "o desafio brasileiro urgente e indiscutível é o de melhorar os níveis de proficiência em Leitura, Escrita e Matemática dos mais de 22% dos estudantes que, mesmo depois de três anos dedicados ao período escolar de alfabetização e letramento inicial, só desenvolveram habilidades elementares".

Já na educação profissional, a meta é triplicar as matrículas da educação profissional técnica de nível médio, assegurando a

---

* Publicado em: *O Estado* (CE), 10 mar. 2017; *Jornal Grande Bahia*, 27 fev. 2017; *LeiaJá*, 22 fev. 2017.

qualidade da oferta e pelo menos 50% da expansão no segmento público. Entretanto, houve crescimento de apenas 13,9% entre 2013 e 2015.

A formação de professores também foi outro ponto que ficou pendente. A meta era criar, em até um ano, uma política nacional de formação de professores para assegurar que todos os professores da educação básica possuam curso de licenciatura de nível superior na área de conhecimento em que atuam. No entanto, no ano de 2015, esse percentual foi de 52,5% para a educação básica, 56,6% no Ensino Médio e 55,7% do Ensino Fundamental.

Junto a todas as metas inalcançadas, destaca-se no PNE 2014-2024 a ausência de metas de condições mínimas de infraestrutura das escolas dedicadas ao Ensino Infantil e Médio, presentes no plano anterior (PNE 2001-2010), e, assim como as metas atuais, fracassadas. Outro ponto a ser ressaltado é que o processo de tramitação do PNE 2014-2024 deixou o Brasil sem plano educacional por quatro anos.

O fato de o PNE estar atrasado no cumprimento de suas metas, não quer dizer que a solução seja reduzir ou revisar as metas, mas buscar meios de acelerar e cumpri-las nos próximos anos. Se o país conseguir elevar os níveis de governança e apresentar um projeto claro, diria até que mais parecido com o das metas econômicas – que traga detalhes não só objetivos educacionais, mas estratégias e prazos para cada meta –, não faltará dinheiro para a educação, nem mesmo sob a vigência da PEC 55.

O PNE é, declaradamente, o reconhecimento da educação como um direito de cidadania. Seus objetivos e metas refletem as prioridades estabelecidas, ou seja, sua implementação exige expressivo investimento financeiro e mudanças na gestão de sistemas.

A realidade do financiamento estudantil*

No Brasil, quem teve boa formação escolar, passando pelos melhores colégios particulares, estuda em universidades federais, bancadas com recursos públicos que jamais retornarão para a União. Por outro lado, o aluno que se formou em escolas públicas, enfrentando toda sorte de dificuldades – falta de material didático, professores e outros –, só consegue cursar o Ensino Superior se recorrer às instituições particulares. Com raríssimas exceções.

Pesquisa realizada em 2016 pelo instituto MDA, que ouviu mil jovens de nove capitais brasileiras, mostra que 71,9% deles concluíram recentemente o Ensino Médio em escolas públicas municipais, estaduais ou federais. Os 28,1% restantes são provenientes de colégios particulares.

O Instituto Nacional de Estudos e Pesquisas Educacionais Anísio Teixeira (Inep), ligado ao MEC, divulga anualmente o Censo da Educação Superior. Em 2015, no último levantamento disponível, a autarquia computava oito milhões de alunos matriculados em cursos de graduação em todo o Brasil.

Desse total, aproximadamente dois milhões, ou 25%, buscavam formação acadêmica em universidades públicas. Os outros seis milhões, ou 75%, se agarravam à oportunidade de tentar mudar sua dura realidade ao recorrerem aos bancos das mais de 2.000 faculdades, centros universitários e universidades da iniciativa privada espalhadas pelo país. Inclusive no interior, onde é ainda mais rara a presença do Estado.

---

* Publicado em: *Folha de S. Paulo*, 8 fev. 2017; *Blog do Ramon Paixão*, 8 fev. 2017; *Jornal Grande Bahia*, 9 fev. 2017; *LeiaJá*, 8 fev. 2017.

De 2015 para cá, esse retrato não mudou. Ainda segundo a pesquisa do instituto MDA, dos jovens que pretendem fazer um curso superior, 50,5% alegam que sua família não tem condições financeiras de custear seus estudos. Quase o mesmo percentual, 50,3%, afirmam que só prestará vestibular se conseguir se inscrever no Programa de Financiamento Estudantil (Fies). O perfil da maioria dos estudantes das instituições de Ensino Superior particulares fica, então, claro: aluno malformado em escolas públicas, com graves deficiências de aprendizado e falta de domínio da Língua Portuguesa e de Matemática. Também não pode pagar as mensalidades e depende de programas sociais do Governo.

Diante dessa cruel realidade, pergunto: é justo exigir 450 pontos no Ensino Nacional do Ensino Médio (Enem) de quem não tem capacidade de atingi-los, justamente porque o Estado não lhe deu condições durante o período de formação escolar? Ou é puni-lo duas vezes na vida? Por que não podemos reduzir gradualmente o número de pontos, conforme a demanda desses jovens e o número de vagas restantes no programa?

Para aqueles que conseguem vencer essa etapa e heroicamente atingem as exigências para se inscrever no Fies, começam novos desafios: correr atrás do prejuízo para sanar suas deficiências de aprendizado e conseguir acompanhar o ritmo; buscar emprego, pois ninguém consegue bolsa integral e precisa pagar parte da mensalidade; e, por último, se adaptar à jornada diária de três turnos, conciliando faculdade e trabalho.

Tudo isso vale a pena? Claro, pois a conclusão do Ensino Superior é um dos fatores que mais impacta no aumento de salário dos profissionais que estão no mercado. Em 2014, de acordo com a Pesquisa Nacional por Amostra de Domicílios (PNAD/IBGE), 40% dos que concluíram uma graduação ganhavam de dois a cinco salários mínimos, contra 29% que cursaram apenas o Ensino Médio.

A pesquisa também aponta que 36% dos graduados possuem remuneração acima de cinco salários mínimos. Esse patamar só foi alcançado por 7% daqueles que possuem somente o Ensino Médio.

Esse aspecto é importante, já que, ironicamente, eles precisarão juntar recursos e ressarcir o programa de financiamento, dando oportunidade para outros alunos.

Muito além do Enade*

O Sistema de Nacional de Avaliação do Ensino Superior (Sinaes), instituído por meio da Lei nº 10.861, de 14 de abril de 2004, foi um ganho para a educação no Brasil. Antes, o que havia eram algumas experiências isoladas de avaliação em vez de um sistema nacional vigente, aplicado pelo Ministério da Educação (MEC) de forma universal, que abrangesse todas as instituições públicas, privadas e comunitárias.

A introdução dessa política de avaliação na graduação, com critérios e indicadores, estimulou nas Instituições de Educação Superior (IES) a preocupação pela qualidade do ensino e a necessidade de profissionalização da gestão. Dados obtidos por meio de um sistema público determinam parâmetros nacionais e internacionais para que a instituição tenha um ponto de partida para identificar o que deve ser aperfeiçoado e para planejar suas ações com esse foco.

Outro aspecto positivo gerado pelo sistema é a socialização dos resultados. Uma instituição pode ter avaliações isoladas, implantadas internamente, mas que não são divulgadas publicamente. Além de não haver níveis de comparação, a sociedade não deixa pistas de que forma se dá esse processo avaliativo nem que resultados tornam-se insumos de melhoria. O Sinaes tem justamente o propósito de levar essas informações ao conhecimento de todos.

Entretanto, apesar da importância dessa política, a operacionalização e o tratamento dado pelo MEC aos resultados obtidos com o Exame Nacional de Desempenho de Estudantes (Enade) devem ser melhorados. O cenário do processo de avaliação mudou em 2008,

---

* Publicado em: *Blog ABMES*, 24 mar. 2017.

com a instituição do Índice Geral de Cursos (IGC) e do Conceito Preliminar de Curso (CPC), que não estão previstos na Lei do Sinaes. O mais sério na criação desses indicadores foi a aplicação retroativa deles no Enade de 2007.

Aqueles que participaram desse processo não tinham conhecimento dos novos índices, o que gerou muita turbulência e debate. E, até hoje, esses indicadores têm sido reconhecidos como referencial de qualidade de cursos e instituições, quando na verdade deveriam funcionar como um "sinal amarelo", forçando a realização de uma avaliação *in loco*.

A Educação Superior no Brasil é complexa, desigual e imensa. São cerca de oito milhões de estudantes distribuídos em mais de 40 mil cursos pelo país. De acordo com Artigo 2ª da Lei do Sinaes, a regulação e a supervisão têm como referencial básico os resultados da avaliação, que é a integração de todas as modalidades avaliativas, sem eleger uma única delas como a principal. O Enade é parte do processo de avaliação de instituições e de cursos usado como componente do CPC e do IGC. O resultado do exame é divulgado antes da finalização de todo o ciclo do processo de avaliação, portanto não deve servir como base de punição ou premiação.

A avaliação punitiva, além do excesso de legislações, compromete o papel social das IES particulares, que hoje correspondem por mais de 78% das matrículas e chegam a municípios onde as instituições federais não têm condições de atuar. É necessário alinhar a avaliação da diversidade das instituições com um sistema capilar, em vez de compará-las umas com as outras, uma vez que cada uma delas possui suas próprias características e especificidades.

O comprometimento do aluno com o resultado da prova também é fundamental. Diferentemente do Exame Nacional do Ensino Médio (Enem), em que o estudante é beneficiado caso atinja resultados positivos, o aluno que não tiver um bom desempenho no Enade não sofre nenhuma restrição. É fundamental que o Governo Federal desenvolva uma política de conscientização dos estudantes em relação aos resultados do exame, uma vez que, para identificar pontos que devem ser melhorados, é necessária uma coleta de dados tangível e de acordo com a realidade.

Dia Internacional da Educação*

No dia 28 de abril, celebra-se o Dia Internacional da Educação. A data foi instituída em 2000, durante a realização do Fórum Mundial da Educação, que reuniu 180 países em Dakar, Senegal. No decorrer do encontro, os países participantes assinaram um acordo se comprometendo a não pouparem esforços, políticos e financeiros, para que a educação chegasse a todas as pessoas do planeta até o ano de 2015.

O Fórum foi considerado um marco para a educação global, mas o que mudou desde então? Infelizmente, o objetivo não foi atingido totalmente. No Brasil, especificamente, boa parte da população ainda não tem acesso à educação desde o Ensino Infantil. Erradicar o analfabetismo é uma meta que o país ainda não alcançou e ainda temos o analfabetismo funcional, que afeta parte da população.

A Constituição Federal de 1988 garante, em seus artigos 205 e 206, que a educação é direito de todos e dever do Estado e da família. Além disso, a CF assegura que ela deve ser ministrada com igualdade de condições para o acesso e a permanência na escola. É de conhecimento comum que, se as pessoas têm oportunidade de acesso a uma educação de qualidade, aumentam as chances de elas terem uma vida digna e de exercerem a cidadania de forma plena. Além disso, a educação abre portas para outros direitos, como saúde, trabalho e lazer.

Além da Constituição Federal, o artigo 26 da Declaração dos Direitos Humanos diz que toda pessoa tem direito acesso à educação. E

---

* Publicado em: *Jornal Grande Bahia*, 14 maio 2017; *Blog do Ramon Paixão*, 29 jun. 2017; *Cartaz da Cidade*, 28 abr. 2017; *Blog do Didi Galvão*, 8 maio 2017; *LeiaJá*, 8 maio 2017.

o artigo 7º da Declaração Universal da Criança explica que: "A criança tem direito a receber educação, que será gratuita e obrigatória, pelo menos nas etapas elementares".

No Brasil, o desenvolvimento da educação enfrenta os prejuízos relacionados ao desvio e a má aplicação do dinheiro público, além da ineficiente fiscalização dos órgãos responsáveis, tanto na aplicação dos recursos públicos quanto no cumprimento das normas e diretrizes ditadas pelo Ministério da Educação (MEC) para o funcionamento das instituições de Ensino Superior.

Muitas pessoas associam a palavra "educação" unicamente com o ambiente escolar, porém não deve ser apenas a escola o único instrumento importante de educação de uma criança ou jovem. Não podemos esquecer que a família também é a base da formação educacional das nossas crianças e jovens. Os pais ou responsáveis devem estar atentos e participar da formação dos valores sociais, éticos e morais.

Fato é que a educação é a base para promovermos o consumo consciente e um dos meios mais eficazes para construir uma sociedade ambientalmente mais equilibrada e socialmente mais justa. Ainda existe um longo caminho a ser percorrido até que sanemos todos os problemas ou, ao menos, melhoremos muito as condições do nosso ensino.

Ainda não é possível comemorar uma conquista completa. Dessa forma, o Dia Internacional da Educação pode ser utilizado como uma data para que todas as esferas governamentais – Federal, Estadual e Municipal –, bem como, as iniciativas privadas repensem as estratégias e prioridades sobre a Educação, que necessita formar e eleger líderes que levem o Brasil ao desenvolvimento.

Educação infantil no Brasil*

Faltam creches e escolas infantis no Brasil. Essa afirmação é o que se pode concluir dos dados divulgados pelo Instituto Brasileiro de Geografia e Estatística (IBGE), com base na Pesquisa Nacional por Amostra de Domicílios (PNAD) de 2015, que relata que quase 75% das crianças com menos de 4 anos estão fora das creches e escolas infantis do Brasil. Um percentual muito distante da meta estipulada pelo Plano Nacional de Educação (PNE) para 2024, de no mínimo 50% de acesso.

Isso significa que, entre as 10,3 milhões de crianças nessa faixa etária no Brasil, 7,7 milhões não estão matriculadas na educação infantil. No Distrito Federal, são 21 mil crianças fora das escolas; 150 mil no Rio de Janeiro; Minas Gerais tem 733 mil – destacando-se como o segundo estado do país com o maior número de pequenos sem acesso à educação formal, atrás apenas de São Paulo com 1,2 milhão.

Claro que o Brasil deu passos largos na oferta de vagas em escolas, perseguindo os objetivos de universalização expressos no PNE. Porém, entre as 20 grandes metas do PNE, de julho de 2014, nenhuma foi atingida e, entre elas, o acesso de todas as crianças de 4 e 5 anos à escola.

A Constituição Federal de 1988 garante o direito de acesso à escola a todos os cidadãos brasileiros. Entretanto, O acesso à educação é mais difícil nas áreas de periferia. A fila de espera numerosa e o sorteio de vagas nas creches são apenas alguns dos obstáculos para se chegar ao amplo acesso à educação. Quando a criança não tem

---

* Publicado em: *Tribuna do Norte*, 7 maio 2017; *Blog do Ramon Paixão*, 19 maio 2017; *Educa Roraima*, 5 maio 2017; *AL1*, 3 maio 2017; *Jornal Grande Bahia*, 6 maio 2017; *Radar Metropolitano*, 2 maio 2017.

garantido o acesso nem à educação básica, a situação pode se refletir em defasagens significativas na aprendizagem e na socialização que são difíceis de superar posteriormente.

O último censo divulgado, com dados de 2015, pelo Ministério da Educação (MEC), mostrou que a maioria das creches está localizada nas zonas urbanas (76,3%) e 40,7% das instituições são privadas. No entanto, apesar de os resultados mostrarem que essa é a única etapa da educação que apresentou aumento nas matrículas, 5,2% a mais que no ano anterior, a quantidade de creches no país não comporta todas as crianças que deveriam ser matriculadas.

É importante frisar que, tanto quanto ou até mais surpreendente do que a falta de acesso é a baixa qualidade da educação brasileira. Não é por acaso que somente 9% dos estudantes que concluem o Ensino Médio têm aprendizado adequado em Matemática. E se há algo muito errado na educação brasileira, o erro começa exatamente onde não deveria: na Educação Infantil, que repercute drasticamente no Ensino Superior, principalmente o privado.

Além da falta de vagas, há outros problemas que podemos citar: a falta de equidade; a baixa qualidade dos serviços educacionais nessa fase; a falta de investimento no preparo do professor; instalações inadequadas; a falta de um currículo para a educação infantil; entre outros.

Para mudarmos o Brasil é preciso entender que a educação, a começar pela infantil, é a base de tudo. O principal problema do nosso país é que não conseguimos combinar crescimento da produtividade com avanço social. Assim, a necessidade de termos uma educação infantil e creches que atendam à população em sua totalidade e promovam o aprendizado contínuo se faz, extremamente, essencial. Insisto que melhorar a educação é fundamental para que o Brasil e qualquer sociedade cresçam de forma sustentável no longo prazo com justiça social.

As escolas e os recursos tecnológicos*

Todos os dias novas tecnologias são lançadas e, levando-se em consideração a importância dos recursos tecnológicos na vida social e prática do homem, fica cada dia mais evidente a insatisfação dos alunos em relação a aulas ditas "tradicionais", ou seja, aulas expositivas nas quais são utilizados apenas o quadro e o giz. O aprender por aprender já não existe. Com sede de conhecimento, os alunos querem saber para que e por que precisam estudar determinado assunto.

Nos últimos anos as escolas foram invadidas por celulares, tablets, aplicativos e redes sociais. E, para lidar com tudo isso de forma natural, com o objetivo de promover a educação, sem gerar desconfortos ou algo que possa prejudicar a espontaneidade do educador e, até mesmo, a liberdade de um aluno, as escolas precisam acompanhar a modernização social.

O uso da informática na educação implica novas formas de comunicar, de pensar, de ensinar e de aprender. Ela é capaz, inclusive, de ajudar aqueles que estão com a aprendizagem muito aquém da esperada. A tecnologia na escola não deve ser concebida ou se resumir à disciplina de informática no currículo, porém, deve ser vista e utilizada como um recurso para auxiliar o professor na integração dos conteúdos curriculares.

Hoje, os professores se veem diante do que pode ser considerado, ao mesmo tempo, um grande desafio e uma grande oportunidade: utilizar as tecnologias da comunicação da informação (TCI) como meio para construir e difundir conhecimentos. Entretanto, é preciso

---

* Publicado em: *O Estado* (CE), 15 nov. 2017; *O Estado do Maranhão*, 1º ago. 2017; *Portal Interative*, 9 out. 2017; *Correio Regional*, 12 ago. 2017.

concretizar a necessária mudança de paradigma educacional, utilizando a tecnologia nos processos de criação, gestão e reorganização das situações de aprendizagem.

As facilidades técnicas oferecidas pelos computadores também possibilitam a exploração de um leque ilimitado de ações pedagógicas, permitindo uma grande diversidade de atividades. O professor deve, então, pesquisar, conhecer o que as novas tecnologias têm a oferecer a fim de tornar suas aulas mais atrativas, criando condições de aprendizagem por meio de recursos computacionais.

Já para as escolas, também é preciso pensar em tecnologia. Adquirir equipamentos tecnológicos para uso em sala de aula obviamente envolve investimentos, tanto financeiros quanto de capacitação de pessoal, para lidar com essa novidade. Contudo, embora esse seja um procedimento oneroso em um primeiro momento, sua relação custo-benefício é positiva, considerando-se que a médio e longo prazo trará um retorno recompensador aos processos de aprendizagem e à imagem da instituição.

É muito mais fácil assimilar conteúdos de maneira ilustrativa, dinâmica e com linguagem próxima daquela vivenciada em momentos de lazer do que através de um recurso estático, que em nada condiz com as nossas rotinas diárias.

A nova Lei de Diretrizes e Bases (LDB) da educação nacional propõe uma prática educacional adequada à realidade do mundo, ao mercado de trabalho e à integração do conhecimento. Dessa forma, a utilização efetiva das tecnologias da informação e comunicação na escola é uma condição essencial para uma inserção mais completa do cidadão nessa sociedade de base tecnológica. A educação não pode viver sob o modelo antigo, com o risco de virar invisível para a sociedade. As novas tecnologias devem ser exploradas para servir como meios de construção do conhecimento, e não somente para a sua difusão.

O desafio de ensinar*

Esta semana comemoramos uma das profissões mais importantes e gratificantes da sociedade: a de professor. A profissão que ensina e faz surgir novos profissionais capacitados em diversas áreas no mercado de trabalho, como médicos, físicos, farmacêuticos e engenheiros, atualmente enfrenta vários desafios, entre eles o de preparar os novos professores e o de incorporar tecnologia e novas linguagens.

Dom Pedro II dizia que, se não fosse imperador, seria professor. Já Albert Einstein dizia que o professor tem a tarefa essencial de despertar a alegria do trabalho e do conhecer. A verdade é que a docência é uma das profissões mais complexas de se fazer bem-feito. Traz consigo o desafio de ensinar 40, 60 alunos de uma mesma sala com demandas e históricos diferentes – alunos de variados estilos: desinteressados, desmotivados, despreocupados, irresponsáveis, tímidos, distraídos, impacientes etc. Mesmo diante de tantas diferenças, cabe ao professor saber instigar a curiosidade de cada um deles e motivá-los.

O bom professor deve acolher as diferenças e considerá-las no processo de ensino-aprendizagem, reconhecendo que cada estudante aprende de uma forma diferente, tem um contexto próprio e precisa ser reconhecido como indivíduo. Ele deve aprender a conhecer a realidade dos alunos, da sua família e da comunidade em que a escola e esses estudantes estão inseridos para poder desempenhar seu papel com maestria.

---

* Publicado em: *Blog ABMES*, 16 out. 2017; *LeiaJá*, 27 out. 2017.

O papel do professor já não é o mesmo do passado, pois antes ele detinha "todo" o conhecimento e passava aos seus alunos aquilo que havia estudado sem reflexão ou visão crítica dos conteúdos. Hoje, felizmente, podemos e devemos ensinar nossos alunos a pensar, a questionar e a aprender a discernir, para que possam construir opiniões próprias. Uma das frases da qual mais gosto é a do educador Paulo Freire, que diz: "Ser professor é ter a certeza de que faz parte de sua tarefa docente não apenas ensinar conteúdos, mas também ensinar a pensar certo".

Um bom professor tem um papel fundamental na vida do seu aluno. Aqueles que desempenham seu papel por vocação e com amor inspiram os alunos a desenvolver-se integralmente, já que o verdadeiro objetivo da educação não é meramente prover informação, mas o estímulo de uma consciência interna.

O Plano Nacional de Educação (PNE) dedica quatro de suas 20 metas aos professores: prevê formação inicial, formação continuada, valorização do profissional e plano de carreira. Para que se tenha uma dimensão do trabalho que o país tem pela frente, entre os 2,2 milhões de docentes que atuam na educação básica do país, 24% não possuem a formação adequada, conforme dados do Censo Escolar 2014. Se nós não cuidarmos dos professores da educação básica, estamos fadados a continuar tendo dados educacionais de baixo nível.

Ensinar é muito gratificante. Fui professor da Faculdade de Direito da UFPE por mais de 20 anos. O professor tem de estar convencido do valor da educação e também se interessar pelos jovens. Caso contrário, ele jamais será um professor competente, bem-sucedido, motivado e satisfeito com a profissão. Parabéns a todos os professores pelo seu dia!

Brain drain no Brasil*

Brain Drain é o termo em inglês utilizado para fazer referência à fuga de capital humano, ou fuga de cérebros. De forma clara, seria a emigração em massa de indivíduos com aptidões técnicas ou de conhecimentos, normalmente devido a fatores como falta de oportunidade, riscos à saúde e instabilidade política nos países.

Os Estados Unidos, por exemplo, são grandes captadores de cérebros, mesmo tendo um grande número deles em seu território. A atração de cientistas pelo país é decorrente das oportunidades de melhor remuneração, benefícios e reconhecimento, além da oportunidade de desenvolver pesquisas, tecnologias etc.

O que isso significa para o país que perde esses cérebros? Ele perde um grande potencial de inovações, que serão desenvolvidas por seus trabalhadores, mas para uma outra nação. No Brasil, os obstáculos para a prática da ciência impulsionaram o *brain drain*. Em 2015, 49.735 pesquisadores deixaram o Brasil rumo a universidades estrangeiras, segundo a Coordenação de Aperfeiçoamento de Pessoal de Nível Superior (Capes) e o Conselho Nacional de Desenvolvimento Científico e Tecnológico (CNPq).

Vale ressaltar que esse alto número foi decorrente de um estímulo ao intercâmbio científico, difundido pelo governo como estratégia, mas que fez os profissionais esbarrarem em condições totalmente favoráveis, como laboratórios de ponta, e não mais retornarem ao Brasil. Os pesados cortes de recursos para a área de ciência e tecnologia feitos pelo Governo Federal estão levando a produção científica

---

* Publicado em: *O Estado do Maranhão*, 16 nov. 2017; *Blog Vinícius de Santana*, 18 out. 2017; *LeiaJá*, 11 out. 2017; *Blog ABMES*, 9 out. 2017.

brasileira a um estado caótico, com a interrupção de pesquisas e a aceleração do êxodo de cérebros, que não podem ser substituídos a curto prazo.

O problema afeta, também, os mais jovens, que enxergam a ciência como uma profissão complicada por uma desvalorização governamental. Além disso, o Brasil tem inúmeros desafios para vencer com o auxílio das pesquisas: conhecemos apenas 5% da nossa biodiversidade e a exploração desses sistemas de forma sustentável pode contribuir para o desenvolvimento de medicamentos e produtos de alto poder agregado.

O Brasil ocupa o 69º lugar no Índice Global de Inovação. Em 2017, o corte no orçamento do Ministério de Ciências e Tecnologia, de R$ 5,8 bilhões para R$ 3,2 bilhões em pesquisa e desenvolvimento (P&D) chamou atenção internacional. A decisão contrasta com o pensamento desenvolvimentista de países como China, EUA, Israel e Coreia do Sul, que, em época de crise, aumentaram o investimento em pesquisa e desenvolvimento. Isso significa dizer que esses países entendem que o investimento em pesquisa é a melhor maneira de sair da crise de forma sustentável.

Claro que nós conhecemos os problemas que historicamente têm assolado nosso país e precisamos atender as necessidades básicas da população. Entretanto, é preciso priorizar investimento em desenvolvimento científico e tecnológico no afã de tirarmos o nosso país deste marasmo e evitar a fuga de nossas melhoras cabeças.

Educação brasileira e o contexto global: por que não avançamos?*

No momento em que o Brasil corre o risco de ver extinta sua maior política pública de acesso à Educação Superior da história, o Relatório de Monitoramento Global da Educação 2017/18, recém divulgado pela Organização das Nações Unidas para a Educação, a Ciência e a Cultura (Unesco), alerta para o quanto a transformação de uma política social em política econômica pode comprometer o progresso do país.

A agenda de desenvolvimento sustentável adotada pelas Nações Unidas, lançada em setembro de 2015 com metas a serem atingidas até 2030, inclui entre os Objetivos de Desenvolvimento Sustentável (ODS) a garantia de educação inclusiva, equitativa e de qualidade, além de promover oportunidades de aprendizagem ao longo da vida para todas e todos.

Algumas metas relacionadas a esse objetivo, o 4º em uma lista de 17, ressaltam exatamente a relevância da Educação Superior para que as nações consigam melhorar a vida das pessoas. A meta 4.3, por exemplo, diz que cabe aos Estados-membros assegurarem a igualdade de acesso para todos os homens e mulheres à educação técnica, profissional e superior de qualidade, a preços acessíveis, incluindo

---

* Publicado em: *Parnaíba em Nota,* 26 dez. 2017; *Blog do Wagner Gil,* 26 dez. 2017; *Jornal União,* 27 dez. 2017; *Portal Cearensidade,* 27 dez. 2017; *Blog de Assis Ramalho,* 27 dez. 2017; *O Estado do Maranhão,* 29 dez. 2017; *O Liberal,* 29 dez. 2017; *Blog do Ramon Paixão,* 29 dez. 2017; *GS Notícias,* 29 dez. 2017; *Blog do Caique Santos,* 28 dez. 2017; *Rádio Notícia Maranhão,* 29 dez. 2017; *Ceará Pop Marketing,* 30 dez. 2017; *Blog do Geraldo Câmara,* 29 dez. 2017; *Blog do Patrício Nunes,* 4 jan. 2018; *Blog do Didi Galvão,* 4 jan. 2018; *Blog Diário Conquistense,* 28 dez. 2017.

na universidade. Além disso, também está entre as metas o aumento do contingente de professores qualificados.

Ao fazer um recorte específico com relação aos ODS, os resultados apresentados no relatório da Unesco mostram que o Brasil ainda tem um longo caminho a percorrer. Estamos atrás de outras nações latino-americanas, como Venezuela e Belize, com relação à performance na educação profissional e técnica, além de apresentarmos um dos maiores níveis de desigualdade no acesso à educação pós-secundária quando comparados os mais ricos e os mais pobres da população.

Os dados amplamente anunciados pela Unesco não são novidade para quem acompanha o contexto educacional do país. Fundamentados em números oficiais (do Inep e do IBGE), eles apenas revelam ao planeta parte dos desafios que enfrentamos internamente para atingir nossas próprias metas, como as que estão previstas no Plano Nacional de Educação (PNE). No entanto, eles voltam a jogar luz sobre a urgente necessidade de avançarmos na esfera educacional. Ao sermos comparados com outros países do globo, nossas fraquezas ficam ainda mais evidentes.

Estamos entre as principais economias do mundo e insistimos em ocupar as posições finais nos estudos e rankings que mensuram a qualidade da educação. Nesse contexto, é preciso avaliar se o caminho que devemos trilhar rumo ao futuro que almejamos e necessitamos é o que passa, mais uma vez, pelo corte em políticas públicas essenciais para o desenvolvimento de cada indivíduo e da nação como um todo. Acredito que, juntos, podemos construir soluções mais sustentáveis e capazes de melhorar a qualidade de vida da população e elevar nosso país a outro patamar na esfera internacional.

Educação e esportes como ferramentas de integração social*

O esporte não é apenas uma palavra, um substantivo comum, e não se define com um único conceito. A prática esportiva no contexto atual vem ganhando diversas formas, modalidades e, principalmente, sua finalidade tem sido ampliada. Vivemos hoje em uma sociedade em que, em várias áreas, os valores éticos e morais, de tradições e conceitos, foram praticamente esquecidos. Sendo assim, o grande ídolo já não é mais um escritor famoso ou um cientista, mas, sim, um jogador de futebol, um cantor ou o vencedor do Big Brother Brasil.

Nos últimos anos, é expressivo o aumento de projetos esportivos destinados aos jovens das classes populares, financiados ou não por instituições governamentais e privadas. A prática de esportes não é apenas um símbolo de cuidado com a saúde. Os esportes têm sido, cada vez mais, uma ferramenta de integração e inclusão social. Durante a prática esportiva, crianças e jovens aprendem muito mais que as técnicas que envolvem o esporte. Aprende-se a ter respeito pelas regras e pelos outros jogadores, agregam-se o entendimento, o convívio com o coletivo, a resoluções de conflitos, o esforço e responsabilidade.

A prática esportiva como instrumento educacional visa ao desenvolvimento integral das crianças, jovens e adolescentes, capacita o

---

* Publicado em: *O Liberal*, 17 fev. 2018; *Blog ABMESEduca*, 19 fev. 2018; *Correio da Amazônia*, 22 fev. 2018; *Portal Cearensidade*, 22 fev. 2018; *Blog do Ramon Paixão*, 21 fev. 2018; *Parnaíba em Nota*, 21 fev. 2018; *O Liberal*, 17 fev. 2018; *Blog do Geraldo José*, 22 fev. 2018; *Blog do Patrício Nunes*, 22 fev. 2018; *Sobradinho Notícias*, 22 fev. 2018; *A União*, 23 fev. 2018; *Ceará Pop Marketing*, 26 fev. 2018; *Foco na News*, 26 fev. 2018; *AL1*, 21 fev. 2018.

sujeito a lidar com suas necessidades, desejos e expectativas, bem como com as necessidades, expectativas e desejos dos outros. É uma forma de desenvolver as competências técnicas, sociais e comunicativas, essenciais para o seu processo de desenvolvimento individual e social.

Nesse contexto, vale ressaltar que o esporte, aliado à educação, é uma poderosa ferramenta da proteção social e resgate de crianças e jovens em situação de risco, pois, quando não estiverem na escola, estes se manterão ocupados com atividades prazerosas, diminuindo o ócio e evitando o risco de estarem nas ruas, convivendo e aprendendo "o que não devem". O esporte, como instrumento pedagógico, precisa se integrar às finalidades gerais da educação, de desenvolvimento das individualidades, de formação para a cidadania e de orientação para a prática social.

Entretanto, é preciso entender o esporte, acima de tudo, como um instrumento pedagógico capaz de agregar valor à educação, ao desenvolvimento das individualidades, a formação pessoal para a cidadania e a orientação para a prática social. Já a educação propriamente dita, através da escrita, da leitura, da sala de aula, tem a capacidade de formar o indivíduo para participar da vida política, econômica e social das cidades, estados e do país. Precisamos entender que o papel decisivo do esporte, junto à educação, é a busca por princípios e valores sociais, morais e éticos.

Ao aliarmos esporte e educação de qualidade, é possível que nossas crianças e jovens se sintam participantes da sociedade. Além de ampliar o campo experimental do indivíduo, essa junção cria obrigações, estimula a personalidade intelectual e física e oferece chances reais de integração social. Nas instituições particulares, vemos aumentar a cada dia o número de alunos nas equipes esportivas que são bolsistas. Essa é uma forma de incentivo no setor privado.

Cabe, também, ao poder público investir mais nessa área, criando e ao mesmo tempo melhorando a relação existente entre esporte e educação como elementos básicos para a melhoria da qualidade de vida da sociedade como um todo.

Arrematando, friso que apenas e somente a educação básica de qualidade é capaz de garantir uma inclusão social completa e permanente. O acesso ao mercado de trabalho e as vagas de emprego bem remuneradas estão disponíveis para aqueles que buscam e possuem qualificação de mão de obra. Este é o grande desafio.

Educação e a desigualdade estampada no orçamento público*

Nas últimas décadas, o Brasil praticamente conseguiu superar o desafio de colocar todas as crianças e adolescentes na escola. Hoje, são mais de 48 milhões de meninos e meninas que frequentam os bancos escolares nos três níveis que compõem a educação básica, número maior do que a população de países como Espanha, Argentina, Canadá e Austrália. Desse total, quase 40 milhões frequentam a rede pública de ensino.

Já na Educação Superior, são pouco mais de oito milhões os que cursam graduação, sendo menos de dois milhões os universitários que frequentam as instituições públicas e gratuitas de ensino. Entretanto, embora o contingente de alunos entre os níveis de ensino mencionados seja praticamente seis vezes menor e haja inversão na quantidade de atendidos pelas redes pública e particular, há um dado que precisa ser levado em consideração: em 2017, o Governo Federal destinou cerca de 58% do orçamento do Ministério da Educação (MEC) para a Educação Superior e 42% para a educação básica.

Esses números jogam luz sobre um debate que há algum tempo vem ganhando fôlego no país: o pagamento de mensalidades em universidades públicas por alunos que podem pagar. A questão ficou ainda mais evidente com o lançamento do relatório "Um ajuste justo

---

* Publicado em: *Portal Jaguarari*, 8 fev. 2018; *Blog do Patrício Nunes*, 8 fev. 2018; *Blog do Ramon Paixão*, 8 fev. 2018; *Somos Notícia*, 8 fev. 2018; *Tribuna da Bahia*, 9 fev. 2018; *Convocação Geral*, 12 fev. 2018; *Blog de Assis Ramalho*, 12 fev. 2018; *GS Notícias*, 12 fev. 2018; *O Estado do Maranhão*, 12 fev. 2018; *Portal Cearensidade*, 9 fev. 2018; *Parnaíba em Nota*, 9 fev. 2018; *Ceará Pop Marketing*, 10 fev. 2018; *Blog do Wagner Gil*, 10 fev. 2018; *180 Graus*, 11 fev. 2018; *Blog ABMESEduca*, 5 mar. 2018.

– propostas para aumentar a eficiência e equidade do gasto público no Brasil", elaborado recentemente pelo Banco Mundial. De acordo com o documento, as despesas com a Educação Superior no país são ineficientes e regressivas.

No entanto, há que se refletir sobre qual despesa com a Educação Superior realmente impacta o orçamento público. No momento em que o Governo Federal apresenta o Fundo de Financiamento Estudantil (Fies) como um dos grandes vilões e retira o caráter social do programa, é preciso avaliar se esta é, realmente, a melhor saída para o tão alardeado ajuste fiscal.

Para se ter ideia, o custo médio anual para o governo de um estudante que cursa faculdade particular e é beneficiado com o Fies ou o ProUni é de R$ 14 mil. Já o aluno que frequenta uma instituição pública de Ensino Superior custa R$ 41 mil. Contudo, não é novidade que, enquanto a maior parte dos favorecidos pelas instituições públicas na Educação Básica são pessoas das classes C e D, no Ensino Superior, quem mais usufrui da gratuidade são representantes das classes A e B.

Portanto, se é verdade que o país precisa reduzir o investimento na Educação Superior para voltar a crescer economicamente, como preconiza o Banco Mundial, a cobrança de mensalidades nas instituições públicas para quem pode pagar e a ampliação do investimento em programas que garantem o acesso à graduação em instituições particulares de ensino consistem não só em medidas de ajuste fiscal, mas em questão de justiça social. O que não pode ocorrer, em hipótese alguma, é o estudo servir como justificativa para um corte drástico no orçamento público para a área de modo a continuar privilegiando a parcela da população que se beneficia do modelo vigente há décadas.

Além disso, não podemos esquecer que o país se comprometeu a elevar a taxa bruta de matrículas na Educação Superior para 50% e a taxa líquida, para 33% das pessoas com idades entre 18 a 24 anos até 2024, condição fundamental para que possa se desenvolver enquanto nação e assegurar melhores condições de vida para sua população. E esses índices não serão atingidos sem os investimentos públicos necessários.

Não são decisões simples nem fáceis, mas existem, sim, soluções capazes de garantir a manutenção de um direito humano fundamental, a educação, e, ao mesmo tempo, contribuir para o acerto das contas públicas brasileiras. Basta direcionar a energia – e o orçamento – para onde ela é mais certeira e necessária.

Como evitar a evasão de nossos cientistas*

Já se tornou lugar comum ouvir o termo *brain drain*, ou fuga de cérebros. Brain drain, fuga de capital humano ou de cérebros, consiste na emigração de indivíduos detentores de alto grau de conhecimento técnico ou científico para países mais desenvolvidos em razão de fatores como conflitos étnicos, guerras, riscos à saúde, instabilidade política, mas, principalmente, como é o caso do Brasil, à instabilidade econômica com a consequente carência de investimentos em pesquisa nas áreas de ciência e tecnologia, que, como consequência, gera falta de oportunidades de empregos em nosso país.

Tais especialistas são atraídos para trabalhar em países mais desenvolvidos, como os EUA e os da Europa, já que lá conseguem benefícios pessoais, reconhecimento da carreira, têm oportunidades de desenvolver pesquisas em ciência e tecnologias, e o mais importante, facilidade de empregos com remuneração adequada.

É importante registrar que os EUA, mesmo tendo o maior número de cientistas em seu território, são o maior receptador dos melhores cérebros do mundo, visando desenvolver novas tecnologias de ponta para que possam ser patenteadas naquele país. Não é à toa que a maioria das inovações tecnológicas tiveram origem por lá e, principalmente, no Vale do Silício e na Califórnia.

Se por um lado a emigração das cabeças pensantes para diversos países como os EUA trazem consequências financeiras benéficas para o país receptor, por outro lado, o país perdedor fica carente de

* Publicado em: *Blog ABMESEduca*, 9 abr. 2018; *O Tempo*, 13 mar. 2018; *Blog do Patrício Nunes*, 12 abr. 2018; *Interior PE Notícias*, 13 abr. 2018; *O Estado do Maranhão*, 26 abr. 2018; *O Imparcial*, 22 abr. 2018; *Imirante*, 26 abr. 2018.

um grande potencial de inovações, o que é extremamente nefasto e economicamente prejudicial ao país perdedor. Que o diga o Brasil.

As fugas de cérebros são extremamente comuns entre os países mais pobres do planeta, e também entre as nações em desenvolvimento, como países africanos, ilhas do Caribe, países da América Latina, além do Brasil. Ilustrativamente, citamos um estudo realizado na América Latina, no ano 2000, que revelou que naquele ano a Argentina perdeu 2,9% dos seus profissionais; o Brasil, 3,3%; o Chile, 5,3%; o Equador, 10,9%; a Colômbia, 11%; o México, 14,3%.

Nesse sentido, o Brasil, que embora por alguns não seja considerado um grande perdedor de pesquisadores, segundo a Capes e o CNPq, só em 2015 perdeu quase 50 mil cientistas para universidades estrangeiras, especialmente de setores da Medicina, Engenharia, Cinematografia e inclusive produção gráfica, haja vista que fenômenos de bilheteria hollywoodiana são frutos de profissionais brasileiros, a exemplo do filme *Matrix*, considerado uma revolução cinematográfica, e o desenho animado *A era do gelo I* e *II*.

Com efeito, além das causas já citadas, cumpre elencar outras causas do *brain drain* no Brasil: a qualidade da educação brasileira fica na 76ª posição entre 129 países, de acordo com a Unesco, perdendo até para países africanos como Zâmbia e Senegal, além de estar abaixo de todos os países da América do Sul. As escolas são ruins, sem estruturas e equipamentos, professores mal preparados e mal pagos. Isso repercute no Ensino Superior; entre todos os países, o Brasil é um dos mais corruptos do mundo. As verbas não chegam ao destino e somos um dos mais burocráticos países do mundo. Temos uma das maiores taxas de juros do planeta, logo, qualquer financiamento para realizar pesquisa em ciência e tecnologia encarece a pesquisa sobremaneira; uma das maiores cargas tributária do mundo. Fazemos baixos investimentos em inovação, pesquisa da ciência e do desenvolvimento tecnológico; falta conexão entre as universidades e o mercado de trabalho (indústrias e empresas em geral).

Arrematando, cumpre asseverar que, para manter nossos pesquisadores em nosso país, trabalhando em inovação e pesquisa para o desenvolvimento da ciência e da tecnologia, é imprescindível a adoção de políticas que evitem que sejamos "doadores de cérebros". E isso só é possível através de altos investimentos em inovação e pesquisa da ciência para o desenvolvimento científico e tecnológico, ou seja, nos tornando polo de inovações para que os pesquisadores tenham oportunidades de desenvolver suas pesquisas e possam ter carreiras iguais e empregos bem-remunerados.

De volta para o passado?*

Os recentes debates envolvendo a aplicação da tecnologia na educação, para que a modalidade a distância seja incentivada nos Ensinos Médio e Superior, têm motivado uma espécie de demonização de toda proposta e até do tema. Como se fosse proibido o Brasil revisar sua legislação, antevendo o avanço das possibilidades de se educar nossos jovens e os condenando a viver no passado.

Um exercício interessante é pedir para as pessoas responderem de supetão há quantos anos Steve Jobs apresentou em São Francisco, nos EUA, o primeiro modelo de *smartphone* e revolucionou nossa sociedade. A resposta é surpreendente: apenas 11 anos.

Precisamos compreender a velocidade com que se desenvolve a chamada era digital e buscar formas para que ela contribua com a redução de algumas mazelas da educação brasileira. O que não podemos é ignorá-la, como se o mundo não estivesse em transformação.

Mas isso só será possível se nossas leis estiverem atualizadas e, importante, permitam que a tecnologia seja aplicada, sem jamais obrigar seu uso. Até porque é notório que nem todo aluno ou escola está apto a mudanças de forma homogênea.

O tempo se encarregará de trazer equilíbrio ao modelo educacional e indicar o caminho adequado. O MEC poderá, então, utilizar os instrumentos tradicionais ao seu alcance, como portarias e decretos, para adequar a legislação.

---

* Publicado em: *Blog ABMESEduca*, 7 maio 2018; *Parnaíba em Nota*, 10 maio 2018; *Blog do Ramon Paixão*, 14 maio 2018; *Blog do Patrício Nunes*, 14 maio 2018; *Portal Jaguarari*, 14 maio 2018; *Blog Convocação Geral*, 16 maio 2018; *Blog do Geraldo José*, 19 maio 2018; *O Liberal*, 10 maio 2018.

No Ensino Médio, por exemplo, que concentra 88% dos alunos na rede pública, em vez de lamentar a eterna falta de bibliotecas, laboratórios e professores, bem como a dificuldade com o transporte, devemos refletir de que forma computadores portáteis e smartphones podem amenizar a deficiência de aprendizado que os jovens apresentam em sua formação, causada pela falta de infraestrutura.

A discussão na Educação Superior, com 75% dos estudantes nas instituições particulares, passa pelos mesmos questionamentos. Conselhos profissionais querem fazer crer que um aluno não pode ter parte de seu aprendizado a distância.

Tentam criar uma falsa impressão de que se incentiva a formação de um enfermeiro, por exemplo, que nunca esteve presencialmente com seus professores, sendo que isso jamais foi sequer cogitado.

A regulamentação do MEC prevê que atividades presenciais obrigatórias, definidas em diretrizes curriculares nacionais, continuem sendo realizadas. Mais uma vez, o que se propõe é o uso da tecnologia como instrumento facilitador do aprendizado.

O debate sobre a permissão ou não da inclusão da educação a distância na carga horária dos Ensinos Médio e Superior precisa levar em conta a realidade do aluno. Se em casa ele joga, assiste aos mais diversos vídeos e pesquisa em segundos sobre qualquer tema utilizando um *smartphone*, que atrativo ele encontrará na sala de aula com carteiras e quadro-negro?

A professora Lucia Dellagnello, doutora e mestre em educação pela Universidade de Harvard, representou recentemente a América Latina na presidência do júri que escolheu, em Paris, os melhores projetos de tecnologia na educação do Prêmio Unesco, organismo da ONU para educação e cultura.

Ela informa que as pesquisas às quais teve acesso indicam que, para a tecnologia ter um impacto positivo na educação, é importante que seja trabalhada em quatro dimensões: visão clara do objetivo, para que e como vou usar a tecnologia; competência dos professores e gestores no uso daquela tecnologia; qualidade dos conteúdos e recursos educacionais digitais desenvolvidos; e infraestrutura. Considera fundamental, também, que a política educacional seja abrangente e de longo prazo.

E cita uma realidade muito próxima da nossa, na Índia, onde é alta a evasão no que seriam os nossos Fundamental 2 e Ensino Médio. "O jovem faz a escola primária, aprende a ler e escrever, e depois tem muita dificuldade em seguir adiante não só por problemas econômicos, mas também porque, em vilas muito pequenas e distantes dos grandes centros, não existe oferta de Ensino Médio. Não há quem dê aula de física e química nesses lugares, por exemplo".

A solução, segundo Lucia, se dá por meio de videoaulas a distância, usando uma parceria com a (universidade americana) MIT no desenvolvimento de tecnologia e laboratórios virtuais. "A medida conseguiu baixar o índice de evasão de jovens oferecendo um conteúdo de muita qualidade".

No Brasil, segundo reportagem da Folha de São Paulo ("Governo Temer quer liberar até 40% do ensino médio a distância" – 20/03/18), em torno de 1,5 milhão de jovens de 15 a 17 anos (14,6% do total) já abandonaram os estudos.

Mesmo assim, em vez de fazermos nosso dever de casa, vemos entidades respeitáveis e especialistas ignorarem as chances de mudar nossa realidade e pedirem ao ministro Mendonça Filho que impeçam a iniciativa do Conselho Nacional de Educação (CNE) de abrir a possibilidade da utilização da modalidade a distância no ensino médio.

Por que não enxergamos que o problema do Brasil está justamente na falta dos pontos que a professora Lucia indicou: política educacional abrangente e de longo prazo, e não no uso da tecnologia? Enquanto isso, embarcamos em um trem sem volta rumo ao passado: a proibição, restrição ou qualquer outra forma de impedir a discussão de uma solução moderna, que passa necessariamente pela adoção de modelos ligados à educação a distância.

Mais educação para menos corrupção*

A corrupção é, de longe, uma das piores "doenças" que afetam a sociedade. Assim como um câncer, pode se espalhar por diversos setores de qualquer país. Por vezes, seus efeitos não são sentidos imediatamente, mas é certo que os custos chegam no longo prazo, com reflexos sobre o fornecimento e a qualidade de serviços públicos essenciais.

Dados do Escritório das Nações Unidas sobre Drogas e Crimes indicam que o dinheiro gasto anualmente com corrupção no mundo poderia alimentar oitenta vezes a população faminta. Propinas e roubos aumentam em 40% o custo de projetos para oferecer água potável e saneamento em todo o mundo – porque, sim, até em áreas como essas, tão sensíveis, há quem consiga roubar.

É certo que a corrupção sempre existiu, afetando negativamente as políticas públicas e o crescimento econômico do país. O que varia são as consequências – para o corrupto e para a sociedade em que ele vive. Pesquisa divulgada em abril de 2018, intitulada "Retratos da sociedade brasileira – Educação Básica", mostrou que a população vê uma relação direta entre a baixa qualidade do sistema educacional nacional com a corrupção. Segundo o estudo, 60% dos brasileiros apontam o baixo nível educacional como causa da corrupção. Essa visão é mais forte na faixa etária jovem, dos 16 aos 24 anos – nesse

---

* Publicado em: *Blog ABMESEduca*, 4 jun. 2018; *Portal Jaguarari*, 12 jun. 2018; *Blog do Patrício Nunes*, 12 jun. 2018; *Blog do Mario Pires*, 12 jun. 2018; *Parnaíba em Nota*, 12 jun. 2018; *Jornal União*, 13 jun. 2018; *Tribuna da Bahia*, 14 jun. 2018; *O Liberal*, 13 jun. 2018; *Blog Merece Destaque*, 14 jun. 2018; *Alto Vale*, 14 jun. 2018; *Somos Notícia*, 12 jun. 2018; *Diário do Comércio*, 28 jun. 2018.

grupo, 70% dos entrevistados fez a correlação entre falta de educação e corrupção.

Já segundo uma análise de 2017 da ONG Transparência Internacional sobre o Índice de Percepção da Corrupção, que classifica os países com base em quão corrupto seu setor público é percebido, o Brasil ficou no 96º lugar dos 180 países avaliados, empatado com países como Colômbia e Zâmbia. A pontuação indica o nível de percepção da corrupção em uma escala de 0 a 100, em que, quanto mais baixo o número, mais o país é percebido como corrupto. O Brasil recebeu nota 37 no ranking, que teve Nova Zelândia, Dinamarca e Finlândia como os menos corruptos.

Há uma clara relação entre desigualdade e corrupção. Nas sociedades mais desiguais, é possível notar um nível maior de corrupção; enquanto as nações mais igualitárias sofrem menos com esse mal. A Finlândia, por exemplo, possui alguns dos melhores índices de qualidade de vida, educação pública, transparência política, segurança pública, expectativa de vida, bem-estar social, liberdade econômica, prosperidade, acesso à saúde pública, paz, democracia e liberdade de imprensa do mundo. As cidades do país também estão entre as mais habitáveis do mundo, figurando entre as mais limpas, seguras e organizadas.

Voltando à corrupção, agora focando no setor de educação, ela é capaz de limitar a acumulação de capital humano e, a longo prazo, afetar todo o desenvolvimento da sociedade. O único meio conhecidamente efetivo de vencer defeitos e falhas humanas é a educação. Educar com vistas ao respeito; para que nos encaremos com igualdade, fraternidade e solidariedade. E tem que ser um processo contínuo. O resultado só virá com décadas de trabalho e esforço coletivo em prol da mudança de nossa situação atual, que não é nada animadora.

PNE e os riscos da contramão do retrocesso*

Até 2024, o Brasil precisa ver seus índices educacionais saltarem em proporções desafiadoras se quiser atingir as metas por ele mesmo estabelecidas no Plano Nacional de Educação (PNE). Quando, lá em 2014, o governo se propôs a elevar a taxa bruta de matrículas na Educação Superior para 50% e a taxa líquida para 33%, já sabíamos que não seria uma missão simples. No entanto, naquele momento, motivados pelo incremento recente nas políticas públicas do setor educacional, vislumbrávamos um horizonte promissor.

A expectativa era de que, finalmente, a educação ganhasse status prioritário na agenda e no orçamento governamentais. Antes, o já velho discurso de que sem educação não há desenvolvimento não havia sido capaz de garantir, efetivamente, a atenção necessária à pauta. Agora, acreditava-se, as coisas seriam diferentes.

No entanto, o que se viu nos anos imediatamente seguintes foi um verdadeiro balde de água fria. Medidas como a interrupção drástica da expansão do Fundo de Financiamento Estudantil (Fies), política pública estratégica de acesso à Educação Superior, em nada contribuem para o crescimento dos índices de escolaridade da população brasileira. Pelo contrário, podem comprometer a manutenção de indicadores duramente conquistados nas últimas décadas.

Para se ter ideia do quanto estamos distantes de um contexto favorável ao alcance das metas do PNE, análise da Associação Brasileira

---

* Publicado em: *O Liberal*, 21 jun. 2018; *Parnaíba em Nota*, 20 jun. 2018; *Blog do Mario Pires*, 20 jun. 2018; *Criativa On Line*, 21 jun. 2018; *Alto Vale*, 21 jun. 2018; *O Estado do Maranhão*, 25 jun. 2018; *Imirante*, 25 jun. 2018; *Blog do Geraldo José*, 22 jun. 2018; *Blog Jota Parente*, 21 jun. 2018; *Somos Notícia*, 20 jun. 2018; *Blog do Wagner Gil*, 20 jun. 2018.

de Mantenedoras de Ensino Superior (ABMES), em parceria com a Educa Insights, constatou que entre 2014 e 2016 a taxa bruta de matrículas na Educação Superior cresceu apenas 1% (de 33% para 34%) e a líquida, 2% (de 16% para 18%). Por conta desse desempenho inicial, a projeção feita pelo estudo é de que, para atingir as metas do PNE relacionadas à Educação Superior, o país precisa apresentar crescimentos anuais de 4,8% nas matrículas totais para alcançar a taxa bruta e de 8,1% nas matrículas de pessoas com idades entre 18 e 24 anos para atingir o alvo estabelecido para a taxa líquida.

Acontece que, em geral, atingir metas demanda mais do que boa vontade, demanda investimento. Nesse sentido, medidas duras como o congelamento de gastos públicos por vinte anos, como ocorreu no final de 2016, representam um contrassenso às demandas e necessidades brasileiras, especialmente quando repercutem em políticas sociais. Hoje, o que o país precisa é colocar mais de 3,6 milhões de novos estudantes em instituições de Educação Superior (conquista que ainda nos deixaria muito distantes de um cenário de escolarização ideal).

Ao que parece, caminhamos a passos largos no sentido oposto ao que deveríamos trilhar para construir o país vislumbrado no Plano Nacional de Educação. Aos defensores de que a política educacional brasileira precisa focar em outros elementos que não metas, é importante lembrar que, especialmente quando falamos em educação, metas vão muito além de números frios. Aqui, elas também significam mais conhecimento, dignidade e perspectivas de melhores condições de vida para milhões de pessoas que ainda não possuem acesso a todos os níveis educacionais no país.

E se é verdade que contra números não há argumentos, a Pesquisa Nacional por Amostra de Domicílios Contínua 2017, recentemente divulgada pelo Instituto Brasileiro de Geografia e Estatística (IBGE), dá o veredito final: pessoas sem instrução possuem rendimento médio de R$ 842 ao passo em que o Ensino Fundamental completo eleva esse valor para R$ 1409. Já a Educação Superior completa triplica o rendimento médio do cidadão em relação àquele que só estudou até o Ensino Médio.

Por tudo isso é que ou fazemos um ajuste urgente e estratégico de rota, de modo a retornarmos ao voo originalmente planejado, ou entraremos em uma contramão perigosa que nos levará de volta a terras longínquas para as quais não gostaríamos e jamais imaginamos retornar.

Aprendizado contínuo em um mundo mutável*

Vivemos na era ou sociedade da informação e do conhecimento. Nesta sociedade, a informação e o conhecimento, chamados de capital intelectual, são muito mais importantes que os recursos materiais como fator de desenvolvimento humano. Nesta nova era, nenhum país do mundo consegue sair de um estágio de subdesenvolvimento para desenvolvimento senão por meio do aperfeiçoamento profissional e educacional de seu povo. Isso só ocorre com um investimento forte, real, eficaz e eficiente na educação, desde a básica até a superior. Importante, também, investir maciçamente no desenvolvimento da inovação, da ciência e da tecnologia.

O estudo, que proporciona conhecimento e visa substituir uma mente vazia por uma mente aberta, é o passaporte para o futuro, pois é capaz de abrir horizontes e mostrar caminhos jamais conhecidos. É a educação, e não o dinheiro, que faz a diferença e acrescenta valor ao caráter de uma pessoa. Já dizia Immanuel Kant: "O ser humano é aquilo que a educação faz dele".

Como cunhou o gênio Leonardo da Vinci, "aprender é a única coisa de que a mente nunca se cansa, nunca tem medo e nunca se arrepende". Nesse contexto, é importante trazer à baila duas máximas: 1) Ninguém nasce burro ou inteligente. O cérebro é maleável e tem um potencial de 100 bilhões de neurônios. Ou seja, todo mundo é capaz de aprender, se

---

* Publicado em: *Blog ABMESEduca*, 20 ago. 2018; *Portal Cearensidade*, 31 ago. 2018; *Interior PE Notícias*, 3 set. 2018; *Pioneiro Online*, 3 set. 2018; *O Liberal*, 1 set. 2018; *Blog do Patrício Nunes*, 5 set. 2018; *Portal Jaguarari*, 4 set. 2018; *Daniel no Blog*, 4 set. 2018; *A Tarde*, 11 set. 2018; *Jornal do Commercio*, 11 set. 2018; *Somos Notícia*, 5 set. 2018; *Blog do Wagner Gil*, 16 set. 2018; *Fatos PB*, 31 ago. 2018.

tiver os estímulos certos. 2) Para aprender, é preciso querer aprender, isto é, acreditar na própria capacidade e ter determinação.

Muita gente acredita que o conhecimento é algo intrínseco às pessoas empreendedoras, e acaba colocando-o em segundo lugar. Ledo engano. Muitos têm vontade de empreender e abrir o próprio negócio, mas acabam desistindo por falta de informações e conhecimento sobre aquele negócio, sobre os concorrentes e sobre o mercado naquela área. Sun Tzu, autor do best-seller *A arte da guerra*, escrito no século IV a.C., já ensinava que, "se você conhece o inimigo e conhece a si mesmo, não precisa temer o resultado de cem batalhas. Se você se conhece, mas não conhece o inimigo, para cada vitória ganha, sofrerá também uma derrota. Se você não conhece o inimigo, nem a si mesmo, perderá todas as batalhas".

Para adquirir informações e conhecimento, a educação e o estudo devem ser constantes, ininterruptos. É o chamado conceito do aprendizado contínuo, uma vez que não apenas o conhecimento avança, mas também se transforma. Foi-se o tempo em que a pessoa se formava, conquistava o diploma e vivia o resto da vida com os conhecimentos que tinha adquirido ali. A necessidade de aprendizado contínuo é característica de um mundo em constante mudança, em que o aprendizado adquirido fica obsoleto mais rapidamente. Segundo Martyn Davies, as pessoas precisam se perguntar continuamente o que farão nos próximos doze meses para se manterem atualizadas. É importante continuar aprendendo, independentemente do passado ou da idade.

Responsabilidade social e a contribuição das IES para um país melhor*

Hoje, 17 de setembro, começa a 14ª edição da Semana da Responsabilidade Social do Ensino Superior Particular. Até o próximo sábado (22), centenas de instituições de Educação Superior de todo o Brasil realizarão milhares de atividades com foco em diversas áreas, como saúde, justiça, lazer, cultura e meio ambiente. Em comum, todas visam à promoção do bem-estar da comunidade acadêmica e também dos indivíduos que vivem nos locais onde as instituições estão localizadas.

Desenvolvida pela Associação Brasileira de Mantenedoras de Ensino Superior (ABMES), a iniciativa integra um projeto mais amplo: a Campanha da Responsabilidade Social do Ensino Superior Particular, que contempla atividades realizadas ao longo de todo o ano por IES brasileiras, públicas e particulares, associadas ou não à entidade.

Mais do que um conceito, responsabilidade social é uma prática constante no dia a dia das instituições particulares de Educação Superior brasileiras. Sabedoras de que a formação de profissionais e cidadãos conscientes das suas atribuições para a construção de um país mais justo é a sua maior responsabilidade social, as IES não se furtam de intensificar essa atuação por meio de ações que ultrapassam os limites delimitados por seus muros.

---

* Publicado em: *Blog ABMESEduca*, 17 set. 2018; *O Estado do Maranhão*, 19 set. 2018; *Blog do Mario Pires*, 18 set. 2018; *Portal Cearensidade*, 18 set. 2018; *Somos Notícia*, 19 set. 2018; *O Liberal*, 21 set. 2018; *Blog do Geraldo José*, 24 set. 2018; *Blog do Patrício Nunes*, 24 set. 2018; *Interior PE Notícias*, 21 set. 2018.

Desde que foi criada, em 2005, a Campanha da Responsabilidade Social do Ensino Superior Particular já resultou em quase 15 milhões de atendimentos à comunidade viabilizados por mais de 81 mil atividades. Apenas em 2017, de Norte a Sul, de Leste a Oeste deste país continental, foram 904 instituições de Educação Superior envolvidas na iniciativa.

Orientação jurídica; atendimento odontológico; checagem de pressão e de índice glicêmico; circuitos interativos de recreação; recolhimento de lixo eletrônico; campanhas de arrecadação de livros, alimentos, roupas e brinquedos; oficinas de atividades culturais; palestras e feiras de adoção de animais são apenas algumas das inúmeras ações desenvolvidas pelas instituições ao longo de todo ano e que se intensificam durante a Semana da Responsabilidade Social.

Os benefícios são incalculáveis tanto para quem atua como voluntário quanto para quem usufrui das atividades promovidas pelas IES. Por exemplo, para os quase 400 mil alunos que participaram da última edição, além de contribuir para o desenvolvimento de uma consciência social, o contato com a comunidade proporcionou, na maioria dos casos, a oportunidade de colocar em prática parte do conteúdo teórico aprendido em sala de aula.

Para a população atendida, um sorriso mais bonito, a segurança de saber quais caminhos trilhar na busca por direitos, a satisfação de contribuir para a preservação do planeta ou a tranquilidade de saber que a saúde está em dia ou qual especialista procurar são apenas alguns dos desdobramentos dessa ação que mobiliza centenas de milhares de pessoas a cada ano, incluindo técnicos e professores das instituições de ensino.

Todos esses resultados somente são possíveis graças à representatividade e à relevância que as instituições particulares de Educação

Superior possuem não somente no contexto educacional, mas no processo de transformação do Brasil em uma nação menos desigual e mais tolerante, inclusiva e sustentável.

Um amor chamado docência*

Ser professor é uma das profissões mais antigas e mais importantes, pelo seu papel na formação de crianças, jovens e adultos. Ser professor é estar no meio. Professor é aquele que ensina, que transmite conhecimento, é essencial para a formação do ser humano. Professores são mestres que levamos pela vida afora. Ser professor é viver o seu tempo com sensibilidade e consciência. É saber lidar com as diferenças, ter flexibilidade e ajudar o seu aluno a refletir. É ser um difusor do saber.

A origem da data está em 15 de outubro de 1827, quando o Imperador D. Pedro I instituiu um decreto que criou o Ensino Elementar no Brasil, com a criação das escolas de primeiras letras em todos os vilarejos e cidades do país. Esse decreto também estabeleceu a regulamentação dos conteúdos a serem ministrados e as condições trabalhistas dos professores.

Ser professor é ensinar e educar, mas também aprender com seus alunos e constantemente renovar suas aprendizagens. É passar horas planejando, revendo, estudando, para preparar apenas alguns minutos de aula. Ser professor é dar tudo todos os dias, pedindo apenas em retorno o sucesso daqueles que arduamente prepara para o futuro. É indicar caminhos e deixar que seus alunos optem pelos que mais lhes convêm.

---

* Publicado em: *Blog ABMESEduca*, 15 out. 2018; *O Liberal*, 25 out. 2018; *Portal Jaguarari*, 25 out. 2018; *Blog do Patrício Nunes*, 25 out. 2018; *Somos Notícia*, 25 out. 2018; *Parnaíba em Nota*, 25 out. 2018; *Interior PE Notícias*, 25 out. 2018; *Blog do Mario Pires*, 25 out. 2018; *O Estado do Maranhão*, 27 out. 2018; *O Imparcial*, 28 out. 2018; *Blog do B. Silva*, 29 out. 2018; *Portal O Estado*, 30 out. 2018; *Jornal da Cidade*, 1º dez. 2018.

A humanidade precisa de educadores que possibilitem transformar as informações em conhecimento e em consciência crítica, para formar cidadãos sensíveis e que busquem um mundo mais justo, mais produtivo e mais saudável para todos. Infelizmente, apesar da importância, os professores ainda não têm a valorização que merecem em nosso país. A grande maioria entra em salas de aula com estruturas precárias e tem salários baixos. A forma com que se trata o professor é um dos primeiros problemas que hoje enfrentamos para atrair alguém para dar aula no Brasil.

O Plano Nacional de Educação (PNE) dedica 4 de suas 20 metas aos professores: prevê formação inicial, formação continuada, valorização do profissional e plano de carreira. Para que se tenha uma dimensão do trabalho que o país tem pela frente, de acordo com o Censo da Escolar de 2015, dos 494 mil docentes que trabalham no Ensino Médio, 228 mil (46,3%) atuam em pelo menos uma disciplina em que não têm formação.

Durante a minha trajetória acadêmica, aprendi que o professor tem um poder que nenhum outro profissional tem: o professor pode mudar uma vida, entendendo-se que uma sociedade desenvolvida é uma sociedade esclarecida, e o esclarecimento vem, principalmente, através dos professores, para tal, é preciso, em primeiro lugar, a valorização desses profissionais. A decisão sobre como devem ser formados os novos profissionais impacta no projeto educacional de qualquer nação.

Rui Barbosa, em uma de suas citações, disse aos professores: “Se és capaz de aceitar teus alunos como são, com suas diferentes realidades sociais, humanas e culturais; se os levas a superar as dificuldades, limitações ou fracassos, sem humilhações, sem inúteis frustrações; se os levas a refletir mais do que decorar; se te emocionas com a visão de tantas criaturas que de ti dependem para desabrochar em consciência, criatividade, liberdade e responsabilidade, então podes dizer: sou mestre!".

Precisamos dar melhores condições aos nossos professores, essa é uma forma de dizermos "Obrigado!" pelos esforços, pela paciência e por terem sido e serem tão importantes na nossa formação. Obrigado por nos fazerem repensar o nosso lugar no mundo e a importância do nosso modo de estar no mundo.

Mais livros, menos blindados*

Em 2016, o Brasil alcançou a marca histórica de 62.517 homicídios. O dado faz parte do Altas da Violência 2018, relatório recém-divulgado pelo Fórum Brasileiro de Segurança Pública (FBSP) e pelo Instituto de Pesquisas Econômicas Aplicadas (Ipea). Desse total, 33.590 eram jovens (15 a 29 anos).

Não é novidade que há algumas décadas vivemos uma situação de "violência epidêmica". Ano após ano os números relacionados a esse universo crescem. Homicídio, sequestro relâmpago, assalto, furto e estupro são palavras que fazem parte do nosso cotidiano. A situação é tão grave que há cerca de um ano o jornal *Extra*, do Rio de Janeiro, criou uma editoria intitulada "Guerra no Rio". Exagero? De forma alguma. O Atlas da Violência contabiliza 553 mil pessoas assassinadas no país nos últimos 11 anos, número maior do que os 500 mil mortos ao longo dos sete anos de guerra na Síria.

Nesse contexto, o Governo Federal publicou uma medida provisória que redireciona recursos da educação, da saúde, do esporte e da cultura para o Fundo Nacional de Segurança Pública (FNSP). Os recursos serão destinados a ações como a construção e reforma de unidades policiais, aquisição de materiais e equipamentos para a segurança pública, inteligência e capacitação de profissionais. No entanto, será esse o caminho que devemos seguir se quisermos, realmente, reduzir nossos índices de violência?

---

* Publicado em: *Correio Braziliense*, 26 nov. 2018; *O Imparcial*, 28 nov. 2018; *Blog ABMESEduca*, 3 dez. 2018; *Jornal da Cidade*, 6 dez. 2018; *Portal O Estado*, 5 dez. 2018; *Blog do Mario Pires*, 5 dez. 2018; *Somos Notícia*, 5 dez. 2018; *Alto Vale*, 6 dez. 2018; *O Estado do Maranhão*, 21 dez. 2018.

Levantamento realizado pela ONG internacional Save the Children constatou que de 37 acordos de paz assinados no mundo entre 1989 e 2005, 26 mencionam reformas na educação como estratégia fundamental para a resolução dos conflitos. No Brasil, análise do Ipea revelou que destinar mais recursos para a educação impacta diretamente na redução da taxa de homicídios. Segundo o Instituto, para cada 1% a mais de jovens entre 15 e 17 anos nas escolas, há uma redução de 2% na taxa de pessoas assassinadas. Outro dado do Ipea é o de que 51% dos adolescentes em conflito com a lei não frequentavam a escola na época do delito.

Esses dados evidenciam a relação entre educação e violência nas suas mais distintas representações. Não se trata de uma equação tão simples, sabemos disso. Mas não dá para tampar os olhos para o fato de que investir em educação, saúde, redução das desigualdades e injustiças sociais é o caminho que precisamos trilhar se quisermos, de fato, viver em segurança e construir uma cultura de paz.

Por ora, o aparelhamento da estrutura de segurança pública pode até gerar uma falsa sensação de segurança, mas até quando? Para esse problema, não há solução efetiva que não passe, necessariamente, por uma reestruturação social e econômica do país. E isso, só será conquistado com a garantia dos direitos fundamentais de cada cidadão, em especial da educação.

A educação brasileira diante do espelho*

Vivemos em um país enorme cujas fronteiras delimitam muito mais do que território. Delimitam populações com culturas, tradições e desafios tão diversos que não há quem questione o fato de termos diversos brasis dentro do Brasil.

Em um contexto tão amplo e diversificado, desenvolver políticas públicas que atendam a todos de forma indistinta, como preconiza a nossa Carta Magna, não é uma tarefa simples. Qualquer recorte que se pegue envolve milhões de pessoas. Por exemplo, apenas no universo da Educação Superior o país tem mais de 8,2 milhões de estudantes, quase a população de Israel, nação que se destaca por sua capacidade de inovação e que tem 8,4 milhões de habitantes.

A realização de ações e programas voltados para um público tão grande e distinto não seria possível sem o amparo de dados e as análises de qualidade. São necessárias informações que apontem um norte na busca pela melhoria do bem-estar da população e do progresso do país como um todo.

Nesse cenário, o trabalho desenvolvido pelo Ministério da Educação e pelo Instituto Nacional de Estudos e Pesquisas Educacionais Anísio Teixeira (Inep) tem sido de extrema relevância. Hoje, sabemos exatamente quantos alunos estão nas salas de aula e o perfil deles; quantas e onde estão as instituições de Educação Superior

---

* Publicado em: *Estadão.com.br*, 31 dez. 2018; *O Noroeste*, 31 dez. 2018; *ZUG*, 31 dez. 2018; *Blog ABMESEduca*, 14 jan. 2019; *O Liberal*, 23 jan. 2019; *Jornal Informa Digital*, 23 jan. 2019; *Jornal União*, 23 jan. 2019; *AL1*, 22 jan. 2019; *Blog do B. Silva*, 22 jan. 2019; *Blog do Mario Pires*, 22 jan. 2019; *Blog do Patrício Nunes*, 22 jan. 2019; *Portal Jaguarari*, 22 jan. 2019; *Somos Notícia*, 22 jan. 2019; *Jornal do Commercio*, 23 jan. 2019; *Diário do Comércio*, 25 jan. 2019; *Blog do Wagner Gil*, 28 jan. 2018; *Estado de Minas*, 18 fev. 2019.

brasileiras; a quantidade e o grau de formação dos nossos docentes; e outros diversos dados.

São números que, associados a muitos outros, nos permitem não só conhecer a realidade, mas ir além. Por meio deles é possível dimensionar desafios e necessidades que estão apresentadas, mas que muitas vezes ficam escondidas entre um dado e outro. Uma análise detalhada dos dados nos convida a extrair deles soluções ou alternativas capazes de contribuir para o equacionamento da relação entre demanda e oferta; entre anseios e possibilidades; entre onde estamos e aonde queremos chegar.

Por exemplo, dados recentes do IBGE mostram que pessoas com Educação Superior completa possuem rendimento médio aproximadamente 3 vezes maior do que o daquelas com ensino médio completo. Apesar disso, apenas 17% dos jovens adultos brasileiros, com idades entre 25 e 34 anos, possuem graduação.

As estatísticas que relevam esse cenário também indicam o quanto estamos distantes de atingir as metas estabelecidas no Plano Nacional de Educação. Para alcançar a taxa bruta de matrículas estipulada na meta 12, é preciso que o número de novas matrículas cresça 4,8% ao ano até 2024. Para atingir a taxa líquida o desafio é ainda maior: sem o crescimento de 8,1% ao ano nas matrículas, não conseguiremos garantir 33% da população de 18 a 24 anos matriculada na Educação Superior.

A transformação de números aparentemente frios em análises que permitam confrontar a realidade com as necessidades, mapear tendências e discutir políticas públicas é algo que contribui não só para a elaboração de ações necessárias e adequadas à realidade do país, mas também para a abertura de caminhos que podem ser trilhados por setores estratégicos, como o particular de Educação Superior, de modo a cooperarem para o êxito da política governamental.

Nesse sentido, em evento recente realizado na sede da Associação Brasileira de Mantenedoras de Ensino Superior (ABMES), o Inep confrontou as instituições particulares de Educação Superior com estatísticas do Censo 2017 associadas a resultados da educação básica em avaliações de desempenho e do censo desse nível educacional. Em síntese, a intersecção de dados feita pelo Instituto evidenciou a relação entre o baixo desempenho dos estudantes da educação básica com a carência de professores formados para atuar na disciplina que lecionam. Nos últimos anos do Ensino Fundamental, apenas 62,5% dos professores de língua portuguesa e 50% dos docentes de geografia são graduados nas respectivas áreas.

Diante dessa realidade, o Inep provocou as instituições de Educação Superior a ofertarem mais vagas em áreas específicas da literatura, o que exclui Pedagogia. Entretanto, na contramão dessa necessidade, está a realidade enfrentada cotidianamente por professores, que precisam superar obstáculos que vão desde baixas remunerações até a falta de material para trabalhar e o desrespeito por parte de alunos.

Pesquisa realizada em 35 países pela Varkey Foundation constatou que o Brasil é a nação que menos prestigia seus docentes. Aqui, apenas 9% das pessoas acham que os alunos respeitam os educadores em sala de aula e 88% consideram a profissão de professor como de "baixo status".

Enquanto esse for o cenário que aguarda profissionais que dedicam três ou quatro anos de suas vidas a uma graduação, o setor particular de Educação Superior pode ofertar quantas vagas forem que o problema não será resolvido. O entrave não está na oferta, mas na demanda.

A carência de professores qualificados para atuar em sala de aula não é novidade. Há tempos os dados evidenciam essa realidade, assim como tantas outras. Apesar disso, nas últimas décadas, pouco foi efetivamente feito para mudar esse panorama.

Como afirmei antes, dados e estatísticas descortinam cenários ocultos, mas também jogam luz sobre realidades e necessidades que muitas vezes relegamos a segundo plano. Entretanto, como evidenciam os números apresentados pelo Inep e tantos outros que ajudam a mapear o nosso país, se governos e sociedade civil não construírem soluções conjuntas não existirão saídas possíveis.

O setor particular de Educação Superior nunca se furtou a trabalhar de forma conjunta com o governo de modo a contribuir para a construção da nação mais educada e desenvolvida que todos almejamos. Entretanto, nesse caso específico, a solução exige que antes de qualquer coisa sejam desenvolvidas políticas públicas de estímulo à carreira docente. Só assim será possível equalizar a relação entre oferta e demanda por professores nas escolas brasileiras. Não há alternativa.

Gamificação no ensino*

As novas gerações já nascem em um mundo completamente digital, isso é fato. São pessoas que têm uma compreensão do mundo e se relacionam com a tecnologia de forma diferente da que nós nos relacionamos. Essa nova realidade exige mudanças em diversos aspectos da sociedade, inclusive na educação. Os nativos digitais pedem um processo de aprendizado que esteja em consonância com o que vivem fora das escolas, um contexto digital. Um dos recursos que podem ajudar no ensino dessa geração centennials é a gamificação.

Esse termo se refere à aplicação de conceitos relativos aos videogames em outras áreas. Aqui, nos atemos a seu uso no processo de ensino-aprendizagem. Hoje, toda criança tem um smartphone e costuma jogar nele. Assim, já tem introjetados vários conceitos do mundo dos games, como a competição, o raciocínio, os objetivos em etapas, a resolução de problemas e mesmo a lida com as perdas. Isso faz que o uso da gamificação na escola, ou mesmo no ambiente acadêmico superior, seja ainda mais propício. Agregar esses elementos cria um ambiente mais lúdico e quebra o paradigma tradicionalista do meio escolar, muitas vezes pouco atraente.

A pesquisa Game Brasil 2018, desenvolvida pela Escola Superior de Propaganda e Marketing (ESPM), apontou que 75,5% dos brasileiros jogam, independentemente da plataforma, jogos eletrônicos. Enquanto isso, 30% dos respondentes afirmaram que consomem jogos de tabuleiro e 34,9% que jogam jogos de cartas. Ou seja, podemos

* Publicado em: *Blog ABMESEduca*, 15 maio 2019; *Diario de Pernambuco*, 17 maio 5019; *Estado de Minas*, 17 maio 2019; *Blog do Mario Pires*, 17 maio 2019; *The São Paulo Times*, 20 maio 2019; *Criativa On Line*, 22 maio 2019; *Jornal de Caruaru*, 16 maio 2019.

dizer que jogar é que um hábito do brasileiro. O *smartphone* se mostrou como a plataforma mais utilizada para jogos eletrônicos (84%), seguido pelo console (46%) e o computador (45%).

Por que não, por exemplo, levar esses recursos para a sala de aula? Cabe às escolas e aos professores desenvolverem metodologias que cativem e estimulem os alunos a serem mais participativos, além de experienciarem a vivência dos conteúdos de forma diferenciada. Com a gamificação, é possível, por exemplo, aplicar soluções baseadas em níveis de aprendizado, com os "estágios" sendo desbloqueados após determinadas conquistas, ou, ainda, a resolução de problemas com *puzzles* que estimulem o raciocínio do estudante.

A educação brasileira ainda é muito tradicionalista, mas já existem iniciativas boas no sentido da inovação. Gamificar o ensino certamente é uma estratégia interessante e atrativa até mesmo para simplificar a obtenção de conteúdo e a percepção dos conceitos mais difíceis de aprender. Já passou da hora de as escolas utilizarem os recursos tecnológicos não apenas como acessórios às aulas, mas de forma inteligente e integrada, assim como eles fazem parte da vida dos estudantes.

Brasileiro ainda lê pouco e mal*

Trinta por cento dos brasileiros nunca compraram um livro. O dado vem da Pesquisa Retratos da Leitura no Brasil, do Instituto Pró-Livro. O estudo também mostra que a média de leitura *per capita* nacional é de 4,96 livros ao ano – levando em consideração apenas os livros lidos por completo, o índice cai para 2,43. A leitura enquanto hábito ainda é uma dificuldade do Brasil e traz diversos reflexos, não só de ordem cultural, mas de formação social e linguística.

Apesar de um pequeno avanço (na pesquisa realizada em 2011, cada brasileiro lia em média 4 títulos por ano), se retirados os livros didáticos da conta de leitura anual, a média *per capita* cai para 2,9 livros anuais, patamar muito aquém dos países desenvolvidos: na França, o número é de 7 obras por ano; nos Estados Unidos, 5,1 e na Inglaterra, 4,9. Essa diferença é realçada por outro levantamento, desta vez do Banco Mundial, que aponta que os estudantes brasileiros devem levar cerca de 260 anos para atingir a qualidade de leitura de alunos de países desenvolvidos. Essa lentidão acarreta uma grave crise de aprendizagem.

Mas de onde vem toda essa dificuldade de afeição à leitura? A Organização das Nações Unidas para a Educação, a Ciência e a Cultura (Unesco) preconiza que só há leitura onde esta é um hábito nacional e esse hábito vem de casa, além de haver o estímulo à formação de novos leitores. Dá para ver aí o porquê de toda a dificuldade do Brasil.

---

* Publicado em: *Blog ABMESEduca*, 21 jan. 2019; *Portal O Estado*, 29 jan. 2019; *Portal Jaguarari*, 29 jan. 2019; *Ouro Preto Online*, 29 jan. 2019; *Blog do Mario Pires*, 29 jan. 2019; *A União*, 29 jan. 2019; *Parnaíba em Nota*, 30 jan. 2019; *Jornal da Cidade*, 1º fev. 2019; *Giro ES*, 31 jan. 2019; *Jornal do Commercio* (PE), 6 fev. 2019; *Blog do Wagner Gil*, 29 jan. 2019; *Jornal do Commercio* (AM), 6 fev. 2019.

É certo que não há só uma origem, mas uma conjunção de fatores que minam o apreço do brasileiro pelos livros. O que considero mais grave é mesmo a falta de hábito, da cultura do ler. Não somos incentivados a ler – ao menos, não da forma correta, aparentemente. Ainda mais, a importância e até a "magia" da leitura não nos é mostrada como deveria. Nas escolas, livros paradidáticos são empurrados à força para os estudantes, que precisam lê-los e decorá-los apenas com vistas a conseguir uma boa nota na prova. Além disso, os livros considerados "clássicos" a que somos submetidos ainda na adolescência possuem linguagem e, às vezes, até temas inadequados para mentes de 13 a 18 anos. E quando os primeiros contatos com as páginas não são proveitosos, dificilmente o estudante vai buscar outras obras. Especialistas hoje já recomendam que se reveja a lista dos clássicos abordados nas escolas, com títulos mais recentes e até menos volumes, para que cada publicação possa ser mais bem analisada.

Admiro iniciativas – e há várias espalhadas pelo país – que tentam tornar a leitura uma experiência prazerosa e lúdica, para além da formalidade. Contação de histórias, estudo aprofundado de obras, integração de recursos como teatro e música são algumas das saídas que escolas e instituições têm achado para promover o hábito de ler. Estas deveriam se tornar padrão nacional. A educação é fundamental para o desenvolvimento de qualquer país e ela passa, inexoravelmente, pela leitura. Quando tivermos melhores leitores, certamente teremos melhores egressos das escolas – sejam públicas ou privadas. Isso porque a leitura estimula o pensamento e a imaginação, mas também a criticidade e a reflexão sobre a realidade.

O papel da educação no processo de ressocialização*

Que o sistema prisional e socioeducativo brasileiro está longe de ser bom, disso ninguém duvida. Nossa realidade é de prisões malcuidadas, com superlotação e sem nenhuma estrutura que possibilite a real ressocialização do detento ou o desenvolvimento de ações socioeducativas com os adolescentes apreendidos. Como resultado, temos apenas "depósitos de gente" que, em vez de cumprir o papel que lhes era devido, acabam por atuar totalmente na contramão.

Segundo o World Prison Brief (WPB), o Brasil tem a terceira maior população carcerária em número absoluto do mundo, com 714 mil detentos (dados de 2019), atrás apenas de China e Estados Unidos. Claro que somos um país gigante e, como tal, é esperado que se tenha mais presos, mas, ao mesmo tempo, essa população só faz aumentar e não se vê esforços do poder público para agir em contrário. Pensa-se em endurecer as leis, aumentar as penas, até em construir mais presídios, mas não se pensa no que fazer com os indivíduos enquanto estão privados de liberdade. Jogados nas prisões desaparelhadas, eles não têm a oportunidade de mudar de vida e saírem de lá pessoas melhores e de fato arrependidas de seus erros. Como é comum se dizer, prisões no Brasil são "escolas de crime", que só marginalizam ainda mais seus ocupantes.

A ociosidade dos detentos não lhes faz bem de maneira alguma – nem a eles, nem à população, que, afinal, está pagando por sua manutenção no presídio. Pagamos, portanto, por um "intensivo de criminalidade", de onde o recluso sai ainda mais especializado. É claro

* Publicado em: *Diario de Pernambuco*, 12 jul. 2019; *Ecodebate*, 12 jul. 2019.

que, felizmente, muitos aproveitam o tempo de pena de maneira extremamente positiva e buscam refazer a vida em seguida, mas estes ainda são minoria. É muito animador ler nos jornais que pessoas privadas de liberdade são aprovadas em exames como o Enem e terão, então, a chance de evoluir socialmente. Esse é um direito que não se pode negar a ninguém, por mais erros que a pessoa tenha cometido na vida.

O mesmo ocorre nas unidades socioeducativas, que recebem adolescentes infratores. Para estes, a situação é ainda mais delicada. Crianças e adolescentes estão em fase de formação de caráter e, por isso, precisam de um acompanhamento especial, ainda mais próximo e, por que não dizer, acolhedor. Eles normalmente já vivem uma realidade tão degradante em seus locais de origem que, quando apreendidos por alguma infração, deveriam ser educados com mais força. É imprescindível que haja programas de formação e educação nestas unidades – como há em muitas – que deem a oportunidade a esses adolescentes de, após cumprida a medida socioeducativa, dar um novo rumo à vida, afinal, ainda estão no começo dela.

É até de espantar quando ouvimos, por exemplo, que, em 2017, a Holanda havia fechado 24 prisões por falta de presos. Era tanto espaço vazio que havia detentos noruegueses cumprindo pena naquele país. Claro que há diversos fatores para o baixíssimo índice de criminalidade e prisões na Holanda, mas não há dúvidas de que a educação tem papel fundamental nesse status – tanto dentro quanto fora das penitenciárias. O Brasil precisa passar a adotar, de fato, o modelo de ressocialização, e não apenas o de privação de liberdade. A ociosidade sem um projeto de educação e desenvolvimento pessoal nunca levará ninguém a uma real melhora de vida.

Boa educação vem de casa*

Recentemente, casos assombrosos de alunos desrespeitando professores em sala de aula chamaram atenção na mídia. A afronta e a violência dos atos deixaram muitas pessoas indignadas. Apesar de os casos noticiados terem ocorrido em escolas públicas, e isso ser usado como argumento para a condenação dos adolescentes, fato é que essas ocorrências também são registradas na rede particular. Pior: muitos pais culpam a própria escola por "não ter dado a educação necessária" ao adolescente. Como se esse fosse o papel do centro de ensino.

Uma coisa deve ficar muito clara: a escola informa, forma, educa, mas quem cria é a família. Assim sendo, deve vir de casa a boa educação, as boas maneiras. Noções como respeito e cordialidade não deveriam ter que ser ensinadas nos colégios, mas apenas reforçadas e incentivadas. Acontece que, em uma realidade com pais cada vez mais ausentes (seja por excesso de trabalho, seja por irresponsabilidade), essa parte da formação do caráter acaba relegada ao sistema de ensino, o que é um grande erro.

Não é raro ouvir casos de alunos que causam confusões na escola, por vezes até ofendendo ou mesmo agredindo professores e funcionários, e que acabam "impunes". Não que se precise de fato de uma sanção enérgica, mas a correção, sem dúvidas, é necessária e mesmo benéfica ao próprio aluno, que tem a oportunidade de se reconhecer no erro e mudar sua postura. O problema é quando a família não apoia a ação da escola, protegendo o adolescente. Esse é um dos maiores erros que um pai pode cometer: blindar o filho do mundo

* Publicado em: *Diario de Pernambuco*, 19 jul. 2019.

e dar-lhe total liberdade. A criança e o adolescente precisam conhecer limites e serem ensinados, no âmbito doméstico, sobre respeito e boa convivência.

De outro lado, educadores muitas vezes têm medo de agir contra um estudante indisciplinado e acabarem sendo eles próprios, os mestres, punidos. O sistema educacional tem tornado o aluno quase "intocável", o que, somado à falta de educação doméstica, dá a ele a sensação de liberdade e invencibilidade. Casos como esses só deixarão de existir quando os pais e responsáveis, de fato, tiverem a consciência de seu papel na educação dos filhos e, junto com a escola, formarem futuros adultos corretos e íntegros. Essa junção de forças, inclusive, poderia ajudar a combater muitas mazelas que se abatem sobre nossa sociedade.

EAD é o futuro da educação superior*

Se, antes, em um passado recente, fazer um curso superior era algo quase inacessível – seja pelos altos valores das faculdades particulares, seja pela dificuldade de conseguir uma vaga nas instituições públicas –, o cenário atual da Educação Superior é muito mais promissor e democrático. Parte desse progresso é reflexo da expansão da educação a distância (EAD), que vem crescendo a passos largos nos últimos anos.

Segundo pesquisa realizada em 2018 pela Associação Brasileira de Mantenedoras do Ensino Superior (ABMES), naquele ano, o número de matrículas no ensino a distância nas universidades particulares aumentou de 818 mil para quase 950 mil. Nesse ritmo, a entidade prevê que o EAD supere o ensino presencial em 2023. Razões para esse crescimento não faltam. Os cursos EAD são mais acessíveis à população em vários pontos: é possível estudar onde, como e quando puder, permitindo que o aluno adéque seu tempo de estudo à sua rotina diária; os custos são, em geral, mais baixos do que o ensino presencial; e os diplomas têm a mesma validade dos da modalidade tradicional.

Enquanto o ensino presencial vive um momento de instabilidade, o EAD só cresce. O número de matrículas em cursos de graduação presencial diminuiu 0,4% entre 2016 e 2017; na modalidade a distância, no entanto, houve aumento de 17,6% no mesmo período, maior percentual registrado desde 2008. Os números mostram que o EAD é uma realidade e tem sua força. Ainda que existam pessoas que tenham receio de aderir a esse tipo de ensino, por gosto

---

* Publicado em: *Diario de Pernambuco*, 9 ago. 2019; *Somos Notícia*, 10 ago. 2019.

ou insegurança, fato é que as grandes marcas da Educação Superior privada no Brasil já voltam seus olhos para o que deve se tornar o futuro do setor. A oferta cresce cada vez mais.

Por vezes, se questiona sobre as limitações didáticas ou pedagógicas do EAD, ou mesmo da falta de oportunidades para networking, mas esses pontos vêm sendo observados pelas instituições que oferecem a modalidade. Para promover o networking, por exemplo, é possível colocar pessoas de locais diferentes, o que gera possibilidades até mais abrangentes de comunicação e troca de conhecimentos. Também, as ferramentas utilizadas para o ensino a distância estão se modernizando para promover melhores estratégias e didáticas. Tudo para que o aluno tenha uma experiência igual à presencial.

O EAD é uma realidade e vem para somar no desenvolvimento da educação brasileira. Com ele, é possível expandir ainda mais o alcance do conhecimento acadêmico, alcançando milhares de vidas antes distantes desse mundo, impossibilitadas por limitações geográficas ou econômicas. O Brasil é um país continental e, como tal, tem suas dificuldades de levar Educação Superior a todos os locais. O EAD se torna, então, também uma potente forma de inclusão social.

O Enem digital*

O Exame Nacional do Ensino Médio (Enem), criado em 1998, além de ser uma importante ferramenta de avaliação do Ensino Médio no país, tornou-se também uma das principais formas de ingresso no Ensino Superior – sendo aceito em instituições públicas e particulares. A partir de 2020, o Exame começará a sofrer mudanças para se tornar inteiramente digital, o que deve ocorrer por completo em 2026. A questão é: em um país continental e ainda com tanta dificuldade de acesso à tecnologia, a prova conseguirá se manter abrangente e sem riscos de fraudes?

Segundo o Instituto Nacional de Estudos e Pesquisas Educacionais Anísio Teixeira (Inep), um teste será realizado em 2020 com 50 mil candidatos, com escalonamento gradual até 2026, quando as provas serão apenas virtuais. Outra novidade é que, por ser digital, a prova terá mais de uma aplicação ao ano – com a ideia de chegar a quatro datas anuais.

O Inep alega que o novo formato proporcionará economia, por dispensar toda a logística das provas impressas; redução do risco de fraudes e a possibilidade de aplicação em mais municípios. É, sem dúvida, um projeto ambicioso e que pode trazer grandes avanços, mas que não pode perder de vista o viés social do Enem, que universaliza o acesso ao Ensino Superior.

Parece-me que a intenção é, inicialmente, cortar gastos. Afinal, todo o processo para aplicação do Enem custa caro – em 2018, foram quase R$ 500 milhões. Como o atual governo pretende gerar economia para sanear as contas públicas, a transformação do exame em

* Publicado em: *Diario de Pernambuco*, 16 ago. 2019; *LeiaJá*, 15 ago. 2019.

digital é benéfica aos cofres, já que evita gastos, principalmente os desperdícios com provas que são impressas e não utilizadas devido às faltas dos candidatos.

Há também o argumento de promover um maior alcance do exame, que poderia ser aplicado em mais cidades de uma forma mais fácil. Em princípio, um ponto válido, já que é mais fácil enviar uma prova digital do que uma física a lugares mais remotos. No entanto, ao mesmo tempo, os municípios mais distantes normalmente não têm a infraestrutura necessária, como bom acesso a internet, ou mesmo locais com computadores onde as provas possam ser aplicadas. Essa deve ser uma preocupação do Ministério da Educação: promover, antes da digitalização do Enem, a inclusão digital no Brasil – tarefa a ser desenvolvida em conjunto com outros órgãos, claro.

A inclusão digital, por sinal, é também ponto contra a aplicação apenas virtual do Enem. Sabemos que há candidatos que não são familiarizados com o computador, seja pela condição social, seja pela idade, o que pode gerar confusões e inseguranças, prejudicando seu desempenho. A prova de papel, nesses casos, se mostra a opção mais "confortável".

Toda mudança traz seus benefícios e suas contradições, é fato. Com o Enem, não será diferente. A partir do modelo de escalonamento adotado pelo Inep, será possível, também, avaliar melhor o processo avaliativo e os gargalos a serem melhorados. Esperemos que haja compreensão do poder público em analisar com responsabilidade os efeitos dessa inovação e sensibilidade para atuar no sentido de debelar os possíveis entraves à realização plena do plano. O que a mudança não pode causar é a exclusão de parcela da população que eventualmente não se possa valer dela. A conferir.

CAPÍTULO IV
COTIDIANO

A era das "fake news"*

A tecnologia associada ao uso da internet tem estimulado bastante o desenvolvimento intelectual das pessoas e, se olharmos por esse lado, isto traz um grande benefício. No entanto, o acesso a internet em grande escala também tem corroborado para um sério problema chamado de *fake news* ("notícias falsas", em tradução livre).

Nos últimos anos, esse tema tem ganhado muito destaque por causa da quantidade de informações inverídicas que têm circulado nas redes sociais, no aplicativo WhatsApp e em alguns veículos de comunicação. Para se ter uma ideia, segundo o Relatório da Segurança Digital, produzido pelo dfndr lab, laboratório de segurança da PSafe, no Brasil, as *fake news* tiveram mais de 2,9 milhões de acessos entre janeiro e março de 2018. Ainda de acordo com o levantamento, 95,7% dos conteúdos falsos foram disseminados via WhatsApp.

Os números expressivos não chamam atenção apenas pelo curto prazo, afinal, o impacto que isso tem causado gera um problema preocupante, já que as notícias falsas são repassadas rapidamente e muitas delas podem interferir na vida das pessoas, uma vez que possuem as linhas de difamação, ódio, bizarrices, entre outros.

O que também impressiona é que esse tipo de negócio é lucrativo para os criminosos. Como o objetivo é lucrar indevidamente a partir de visualizações e cliques em anúncios e páginas, quanto mais

---

* Publicado em: *Blog ABMESEduca*, 1º out. 2018; *Blog do B. Silva*, 10 out. 2018; *Blog do Mario Pires*, 10 out. 2018; *Blog do Patrício Nunes*, 10 out. 2018; *Portal do Catita*, 10 out. 2018; *Portal Jaguarari*, 10 out. 2018; *Blog do Wagner Gil*, 10 out. 2018; *Portal O Estado*, 13 out. 2018; *A Gazeta do Vale do Araguaia*, 12 out. 2018; *Somos Notícia*, 11 out. 2018; *Proparnaíba*, 13 out. 2018; *Jornal do Commercio* (PE), 19 out. 2018; *Diário do Comércio*, 20 out. 2018.

usuários impactados, maior o lucro. Isso justifica as chamadas sensacionalistas e mentirosas.

Dessa forma, esse assunto chama a atenção e pede da gente o hábito de sempre duvidar das informações compartilhadas na internet, sobretudo aquelas que tratam de temas polêmicos e alarmistas. É possível se proteger e ficar atento à estrutura do texto, às características da marca dos veículos, ao tamanho da fonte da palavra 'compartilhe', ao uso de dados inconsistentes, ao uso de informações que não possuem relação com o assunto abordado, erros gramaticais e de ortografia, entre outros.

Feliz Dia Internacional das Mulheres!*

No dia 8 de março comemora-se o Dia Internacional da Mulher. A data foi escolhida como marco das reivindicações das mulheres por melhores condições de trabalho e dos direitos sociais e políticos. De fato, muita coisa mudou, mas, as mulheres ainda estão longe de dizer que há igualdade entre os sexos.

Há inúmeros desafios para atingirmos a igualdade entre homens e mulheres. Na política, por exemplo, a maioria dos cargos é ocupada apenas por homens. Nas eleições municipais de 2016, o percentual geral de mulheres que disputaram cargos eletivos chegou a ultrapassar 30%. Isso significa dizer que, a cada 10 candidatos que disputaram as eleições em 2016, apenas 3 eram mulheres.

As 641 mulheres eleitas ao cargo de prefeita nas eleições municipais 2016 representam 11,57% do total de prefeitos no Brasil. O número apresentou queda em relação ao pleito de 2012, quando elas somavam 659 prefeitas eleitas, o que correspondia a 11,84% do total. Apenas 9,9% dos cargos da Câmara dos Deputados e 5% do Senado são ocupados por mulheres. Esses números são desproporcionais ao total da população brasileira, que possui 51% de mulheres.

Segundo o documento "Mulheres no parlamento: revisão anual", publicado em 2016 e elaborado pela União Interparlamentar (IPU), em uma lista de 193 países, o Brasil ocupa a 155ª posição em representatividade feminina no Legislativo. Vale ressaltar, também, que, em 27 unidades federativas, há apenas uma mulher como governadora. Na comparação com a situação mundial, o Brasil tem uma das piores taxas de presença de mulheres do Congresso Nacional.

* Publicado em: *LeiaJá*, 8 mar. 2017.

Ser mulher no mercado de trabalho brasileiro também não é fácil. Em média, no mundo, o salário das mulheres é 24% menor que o dos homens. No Brasil, o salário das mulheres equivale a 72,3% do salário dos homens, isso de acordo com a última pesquisa da Pesquisa Nacional por Amostra de Domicílios (PNAD). O nosso país está em 124º lugar, entre 142 países, no ranking de igualdade de salários. É o penúltimo das Américas, ficando à frente apenas do Chile.

Nas 500 maiores empresas do Brasil, menos de 14% dos cargos de diretoria são ocupados por mulheres. Infelizmente, esses números não são restritos ao Brasil. Em 40% das empresas do G7, os países mais ricos do planeta, não há mulheres em cargos de liderança e, nessas economias, apenas 22% dos cargos seniores das empresas são ocupados por mulheres.

Reconhecer que existe uma discrepância é o primeiro passo para entender onde está a disparidade. O relatório do Fórum Econômico Mundial afirma que a igualdade de gêneros só será possível em 2095 e que a disparidade, quando se trata de participação econômica e oportunidades para as mulheres, gira em torno de 60%.

Para mudar esse cenário é preciso, em primeiro lugar, promover uma mudança cultural na sociedade como um todo e, mais uma vez, a educação é a chave principal para que isso aconteça. É preciso ressaltar o protagonismo da mulher. Não há outra maneira de conseguirmos alcançar a igualdade de gêneros se não mudando a noção que existe entre as competências das mulheres e o seu papel na sociedade. Afinal, em mais de 40% dos lares brasileiros, as mulheres são as chefes da família.

Temos que deixar de sermos machistas e reconhecer a necessidade de um maior empoderamento das mulheres em todas as áreas da sociedade brasileira, principalmente, no mercado de trabalho, afinal, a busca pela igualdade de gênero defendida pelas mulheres brasileiras é um direito constitucional. Basta ver que entre as 1.000 maiores empresas dos EUA, as que são dirigidas por mulheres deram um retorno médio de 339% entre 2002 e 2014, nos termos do índice S&P 500, de acordo com a pesquisa da plataforma de negociação Quantopian, com sede em Boston.

A tradição do Círio de Nazaré*

São mais de 220 anos de tradição, devoção e emoção. Reunindo mais de 2 milhões de pessoas em uma caminhada de fé pelas ruas da capital do estado do Pará, o Círio de Nazaré é, de longe, a maior manifestação católica do país e uma das mais simbólicas do mundo.

Segundo a interessante Lenda da Nazaré, a antiquíssima imagem da Virgem teve origem em Nazaré, na Galileia, e representa a Virgem Maria sentada, de cor escura, tendo no seu colo o Menino Jesus, o qual amamenta. A estátua, entalhada em madeira e identificada como original dos primeiros séculos do Cristianismo, percorreu a cristandade desde Nazaré (Israel) passando por Mérida (Espanha), até surgir no ano de 711, em Nazaré (Portugal).

No Pará, a devoção a Virgem de Nazaré se expandiu a partir de 1700, quando o caboclo Plácido José de Souza encontrou, às margens do igarapé Murucutu, onde hoje encontra-se a Basílica de Nazaré, uma pequena imagem da santa. Na manhã seguinte, reza a tradição, a imagem havia desaparecido e retornado ao local em que foi encontrada.

Assim, todos os anos, no segundo domingo de outubro, as pessoas transformam as ruas da capital paraense em vertentes humanas, o retrato da devoção popular. A celebração do Círio é tão forte na cultura dos paraenses que, estes, mesmo se moram fora do Estado, acabam celebrando o Círio onde quer que estejam.

O Círio de Nazaré, mais do que em qualquer outra região do planeta, representa para o povo paraense algo muito parecido com o natal. As casas e a cidade são enfeitadas, comidas tradicionais são

---

* Publicado em: *Blog ABMES*, 25 set. 2017, *LeiaJá*, 25 set. 2017.

feitas. Há muita expectativa com as celebrações do Círio: todos os anos, há a apresentação do manto da imagem peregrina, que já foi elaborado por vários católicos e estilistas famosos.

A berlinda, que começou a ser utilizada no Círio a partir de 1882, por sugestão do Bispo Dom Macedo Costa, posteriormente substituída por um andor e assim permaneceu até o Círio de 1930, quando retornou. Além dela, outros treze carros acompanham a procissão e são um símbolo importante da devoção incorporados à procissão ao longo da história da Festa, seja para recolher os ex-votos (elementos de promessa) ou levando as crianças vestidas de anjos. Já a Corda, talvez o maior símbolo do Círio para aqueles que não são paraenses e um dos maiores ícones da festa, passou a fazer parte do Círio desde 1885.

Desde 1971, a Virgem de Nazaré é considerada pelos católicos Padroeira do Pará e Rainha da Amazônia. Atualmente, as manifestações de devoção religiosas estendem-se por quinze dias, durante o período chamado de quadra Nazarena, e é composta por 12 romarias: o Traslado, a Romaria Rodoviária, a Romaria Fluvial, a Moto-Romaria, a Transladação, a Procissão do Círio, a Ciclo-Romaria, a Romaria da Juventude, Romaria das Crianças, Romaria dos Corredores, Procissão da Festa e o Recírio fazem toda a população participar, sem distinção de cor, classe social ou religião.

Na qualidade de Reitor da Universidade da Amazônia (Unama) e católico convicto, fico muito emocionado em receber a Santa e toda sua comitiva, na manhã da sexta-feira do Círio, no campus Ananindeua da instituição, ocasião em que oferecemos ao Bispo, comitiva e peregrinos um singelo café da manhã. A emoção de poder participar da festa é impossível de descrever. É sentir uma paz e saber que todos estão ali por amor, unidos pela fé e devoção.

Adeus ano velho, feliz 2018!*

Estamos nos aproximando do final de mais um ano e, como de praxe, é hora de fazermos o balanço dos desafios enfrentados e das conquistas alcançadas. No entanto, essa época também nos motiva a olharmos para o horizonte com o objetivo de definir metas e caminhos a serem trilhados.

Definitivamente, 2017 não foi um ano fácil. No âmbito da ABMES, tivemos um período intenso, mas com grandes vitórias que merecem ser comemoradas. Foram inúmeras as batalhas e sabemos que ainda não vencemos todas, mas é com o espírito destemido que nos apresentamos para 2018.

No ano que está prestes a se encerrar, imprimimos um novo patamar na representatividade do setor e na qualidade dos serviços prestados. No bojo das celebrações por seus 35 anos, a ABMES reuniu ainda mais conquistas e agregou novas ações que beneficiaram não só seus associados, mas, principalmente, a Educação Superior particular como um todo.

A ABMES manifestou-se nacionalmente a respeito de pontos centrais e relevantes para o setor educacional. Defendeu, de forma serena e firme, a importância dos avanços advindos com a reformulação do marco regulatório da educação a distância. Atuou ombro a ombro com as instituições de Educação Superior que, de forma responsável e sob a guarida da regulação educacional, ofertaram o curso de tecnólogo em serviços jurídicos e notariais. Sob premissas educacionais, foi possível afastar administrativamente

* Publicado em: *Blog ABMES*, 25 dez. 2017; *LeiaJá*, 25 dez. 2017.

e judicialmente os avanços da OAB acerca de discussões eminentemente acadêmico-pedagógicas.

Na esfera política, as conquistas foram inúmeras. A instituição atuou em diversos projetos em tramitação nas Comissões de Educação da Câmara dos Deputados e do Senado Federal. Ao todo, em ações desenvolvidas em parceria com o Fórum das Entidades Representativas do Ensino Superior Particular, foram monitorados e acompanhados 370 projetos. A associação ainda participou de diversas audiências públicas realizadas nas duas casas legislativas e que abordaram os mais variados temas, como o debate sobre o novo Fundo de Financiamento Estudantil e a expansão dos cursos a distância na área da saúde.

Além disso, em um ano em que três grandes reformas estruturais tramitaram no Congresso Nacional, a instituição não se furtou da sua responsabilidade e contribuiu ativamente para o debate no sentido de assegurar os interesses legítimos do setor da Educação Superior particular. No âmbito da reforma trabalhista, por exemplo, a ABMES atuou para que aspectos como a flexibilização das relações entre trabalhador e empregador, a maior legitimidade das convenções coletivas e a adoção de novos modelos de contratação, como a jornada intermitente, fossem aprovadas.

No âmbito da reforma tributária, o esforço foi para evitar que as instituições de Educação Superior vissem sua carga tributária crescer em 5% do faturamento e, na esfera da reforma previdenciária, a ABMES trabalhou para retirar do texto o fim da imunidade tributária das instituições filantrópicas que prestam atendimentos gratuitos nas áreas de educação, saúde e assistência social.

Toda essa atuação, claro, contribuiu para o estreitamento de laços. A ABMES ficou ainda mais próxima de órgãos como o Ministério da Educação e o Inep, além de ter estimulado o desenvolvimento de iniciativas como o projeto Seres em Ação, promovido pela Secretaria de Regulação e Supervisão do MEC e que leva atendimento do ministério aos quatro cantos do país.

Além disso, a ABMES foi presença constante na discussão da reformulação regulatória da Educação Superior presencial e a distância e provocou o firme posicionamento do MEC frente às pautas nacionais em discussão no Congresso Nacional, buscando assegurar que todas as discussões em relação à educação fossem feitas sobre premissas legadas à formação. Uma relação cordial e de mútuo crescimento sempre em prol da qualidade.

Entre os debates de fôlego deste ano destacam-se as mudanças no Fies, que retiraram o caráter social do programa, a autorização de cursos a distância na área da saúde e a intensificação do esforço empenhado por conselhos profissionais e federais no sentido de incidirem em aspectos relativos à supervisão e à regulação da Educação Superior no país, prerrogativa exclusiva do Ministério da Educação. Em todos eles, a ABMES teve atuação incisiva para evitar que o cenário educacional, em especial o relacionado ao nível superior, sofresse com consequências capazes de comprometer o desenvolvimento social e econômico do país.

Ao longo de 2017, a ABMES também trabalhou para estreitar o relacionamento com seus associados, seja por meio do fortalecimento da representatividade do setor junto ao governo e ao Congresso Nacional, seja por meio da oferta de novos serviços e projetos. Este foi o primeiro ano em que a instituição recebeu associados, parceiros e visitantes na sua sede própria, pensada em cada detalhe para atender às necessidades da entidade e das mantenedoras associadas. Símbolo do crescimento e da consolidação da Associação.

Este também foi o ano em que a Associação cruzou fronteiras. A concretização do projeto ABMES Internacional teve como ápice a

1ª Delegação ABMES Internacional – Russia Experience, realizada em setembro, que já resultou na assinatura de três termos de cooperação com instituições russas. Na outra ponta, a instituição cuidou de se aproximar dos seus associados por meio de uma atuação mais regionalizada. Assim, surgiu o projeto ABMES Regional, que contou com duas ações em 2017, sendo uma em Porto Alegre e outra em Fortaleza.

Em 201,7 também foi lançado o Prêmio ABMES de Jornalismo, divulgados estudos e pesquisas, criados novos canais de comunicação e a Campanha da Responsabilidade Social do Ensino Superior Particular bateu todos os recordes. Além disso, foi o ano da celebração dos 35 anos da associação, que resultou em produtos como o Memorial Comemorativo e em momentos marcantes, como o seminário solene e o jantar de comemoração realizados em agosto.

Sim, realmente, 2017 não foi um ano tranquilo. Foi um momento intenso para o setor e de muitas realizações para a ABMES. No entanto, agora é hora de voltar os olhos para o horizonte e vislumbrar as oportunidades que se apresentam para 2018. As expectativas são muitas, especialmente por ser um ano no qual vamos eleger nossos novos governantes. O que posso garantir é que a associação segue para o próximo ano com o ânimo revigorado e a disposição de sempre para lutar em prol dos interesses e necessidades do setor da Educação Superior particular. Então, que venha 2018!

Imprudências e mortes no trânsito*

Acidente de trânsito é uma das principais causas de morte de jovens no mundo. A cada ano 1,3 milhão de pessoas morrem vítimas da imprudência ao volante. Dos sobreviventes, cerca de 50 milhões vivem com sequelas. Além disso, o trânsito é a nona maior causa de mortes do planeta.

Os acidentes de trânsito são o primeiro responsável por mortes na faixa de 15 a 29 anos de idade; o segundo, na faixa de 5 a 14 anos; e o terceiro, na faixa de 30 a 44 anos. Ainda de acordo com a OMS, as principais causas de mortes entre adolescentes brasileiros de 10 a 15 anos são, nesta ordem: violência interpessoal, acidentes de trânsito, afogamento, leucemia e infecções respiratórias. Já jovens na faixa de 15 a 19 anos morrem em decorrência de violência interpessoal, acidentes de trânsito, suicídio, afogamento e infecções respiratórias.

O Brasil aparece em quinto lugar entre os países recordistas em mortes no trânsito, atrás da Índia, China, EUA e Rússia. Segundo o Ministério da Saúde, em 2015, foram registrados 37.306 óbitos e 204 mil pessoas ficaram feridas. Se reduzirmos a análise para as Américas, o nosso país é o quarto colocado, ficando atrás de República Dominicana, Belize e Venezuela.

---

* Publicado em: *O Liberal*, 13 dez. 2017; *Jornal da Parnaíba*, 13 dez. 2017; *Blog Merece Destaque*, 13 dez. 2017; *Parnaíba em Nota*, 13 dez. 2017; *Ceará Pop Marketing*, 14 dez. 2017; *Blog do Wagner Gil*, 14 dez. 2017; *Blog do Patrício Nunes*, 14 dez. 2017; *Blog do Ramon Paixão*, 15 dez. 2017; *Jornal União*, 14 dez. 2017; *Seguro Notícias*, 14 dez. 2017; *Parnaíba 24 Horas*, 14 dez. 2017; *Jornal Vestibulando*, 14 dez. 2017; *Portal Interative*, 15 dez. 2017; *Proparnaíba*, 15 dez. 2017; *Blog do Zé Carlos Borges*, 15 dez. 2017; *Gazeta de Alagoas*, 15 dez. 2017; *Blog Edenevaldo Alves*, 17 dez. 2017; *Correio da Paraíba*, 24 dez. 2017; *Senhor do Bonfim Notícias*, 19 dez. 2018; *Portal Jaguarari*, 18 dez. 2018.

É fato que a implantação do Código Nacional de Trânsito, em 1998, e com a aplicação de medidas positivas, como a Lei Seca, uso obrigatório da cadeirinha para crianças e o *airbag*, os números tiveram uma ligeira queda. Entretanto, de 2009 a 2016, o total de óbitos saltou de 19 para 23,4 por 100 mil habitantes. Bem distante de cumprir a meta da ONU de reduzir pela metade a incidência de acidentes até 2020.

Não podemos esquecer a imprudência de dirigir após o consumo de álcool. Ainda segundo a OMS, "pela sua característica sedante-hipnótica, o álcool tem uma forte influência nos acidentes de trânsito", daí ser considerado um fator "acidentogênico". O que isso quer dizer? O álcool afeta diretamente as habilidades de quem dirige, encorajando atitudes de risco como dirigir em alta velocidade e desrespeitar sinais vermelhos, por exemplo.

Estimativas sugerem que, caso nada mude no comportamento dos motoristas, o número subirá para 1,9 milhão de mortes em 2020, agora também provocadas pela distração fatal de uma geração pendurada no *smartphone* enquanto dirige. Nesse aspecto, a tecnologia chega para nos ajudar. O carro sem motorista, alimentado pela Inteligência Artificial, é hoje a aposta das grandes montadoras, lideradas nos Estados Unidos por Ford, GM e Tesla e na Europa por Audi, Mercedes e Volvo, e também dos gigantes de tecnologia da Califórnia, como o Google e a Uber para a redução dos acidentes.

Como resolver tantos problemas com o trânsito? A primeira questão é melhorar as vias – estradas, ruas e calçadas. Isso inclui sinalização adequada, boa cobertura asfáltica, construção de ciclovias, semáforos, faixa de pedestres etc. Nesse caso, Bogotá, na Colômbia, é um ótimo exemplo. Por lá, foram construídos mais de 100 km de ciclovias em 10 anos, reduzindo em 47% a morte de ciclistas.

Mas de nada adianta investir na infraestrutura se os motoristas, condutores e pedestres não forem hábeis e respeitarem as leis de trânsito. O investimento em educação é essencial. Na Espanha, por exemplo, os instrutores passam por um curso de dois anos antes de iniciar as aulas aos condutores.

É preciso, também, fiscalização eficiente e punição aos infratores. Vale salientar que a ideia da multa não é arrecadação de valores, mas sim evitar que as pessoas causem ou se envolvam em acidentes e, consequentemente, promover a redução de mortes, a diminuição de atendimento hospitalar – que dependendo da gravidade passam meses nos hospitais –, e até a aposentadoria precoce, causada por invalidez.

A Lei Seca foi uma iniciativa positiva e tem ajudado a conscientizar as pessoas da gravidade em misturar bebida com direção, mas a lei, sozinha, não muda a forma de agir das pessoas. É preciso trabalhar para que as novas gerações de motoristas estejam atentas à segurança no trânsito.

Os encantos da Noruega*

Também chamada "Terra do Sol da meia-noite", a Noruega sagrou-se campeã das Olimpíadas de Inverno de 2018. Entretanto, a pequena nação nórdica é muito mais que uma potência nos esportes de inverno e tem, cada vez mais, se destacado em várias áreas, além de estar entre os melhores países para se viver do mundo.

A Noruega é um dos dez países mais ricos do mundo, sendo um dos maiores fornecedores mundiais de petróleo, com aproximadamente 50% das exportações. porém, com uma economia bem diversificada, que também inclui grandes reservas de gás natural e minerais. Suas indústrias fabricam navios, produtos alimentícios, máquinas, metais, papel e outros produtos variados. A pesca, com destaque para o bacalhau, anchova e atum, além da extração de madeira também são atividades importantes para a economia.

Os noruegueses desfrutam de uma excelente qualidade de vida. O país detém o maior Índice de Desenvolvimento Humano (IDH) do mundo: 0,938. A eficiência com que funciona o país permite ver como são revertidos os impostos arrecadados justamente para a realização de serviços públicos de qualidade. O índice de desemprego é baixíssimo. Os serviços de saneamento ambiental atendem a todas as residências; a taxa de mortalidade infantil é uma das menores do mundo: três óbitos a cada mil nascidos vivos.

---

* Publicado em: *Blog do Ramon Paixão*, 8 mar. 2018; *Blog do Patrício Nunes*, 8 mar. 2018; *Blog do Wagner Gil*, 8 mar. 2018; *Blog ABMESEduca*, 12 mar. 2018; *Parnaíba em Nota*, 9 mar. 2018; *Jornal do Commercio* (PE), 13 mar. 2018; *Interior PE Notícias*, 13 mar. 2018; *O Liberal*, 15 mar. 2018; *Correio da Paraíba*, 19 mar. 2018; *180 Graus*, 19 mar. 2018; *Blog do Mario Pires*, 3 abr. 2018.

Na área do empreendedorismo, o destaque é que, na Noruega, se valoriza muito a reinvenção de um negócio. A oportunidade de se atrever a inovar e a se transformar deriva de um elemento-chave da sociedade norueguesa: a educação. Todos os habitantes acima de 15 anos são alfabetizados e o país está entre os 20 nos quais os estudantes melhor resolvem problemas em grupo, segundo o Programa Internacional de Avaliação de Alunos, o Pisa.

Lá está, também, a prisão mais humana do mundo. Halden é considerado um modelo no sistema carcerário para o mundo todo. A aposta é na recuperação, e não na punição. Nessa prisão estão os criminosos mais perigosos da Noruega e mesmo assim há a preocupação de oferecer condições dignas para todos, não há superlotação e os presos são acomodados com o suficiente conforto que dignifica qualquer ser humano.

Outro ponto que mostra, na prática, como funciona uma sociedade evoluída em questões de gênero é o fato de ao menos 40% das vagas em empresas serem, obrigatoriamente, para mulheres. Como qualquer nação, a Noruega tem muitos problemas e defeitos, mas ela é conhecida em rodas de conversa como o socialismo real que deu certo em um país capitalista.

São esses e tantos outros fatos que explicam por que os noruegueses são "as pessoas mais felizes do mundo", segundo o Relatório Mundial de Felicidade de 2017 da ONU, que analisou esse critério em 155 países. Um exemplo a ser conhecido, acompanhado e replicado. Será que o Brasil um dia chegará lá? Quem sabe um dia...

Somos patriotas na Copa. E depois?*

Quando a Rússia der o pontapé inicial da partida contra a Arábia Saudita, que abre a Copa do Mundo de 2018, milhões de corações por todo o mundo começarão a bater mais forte. Para nós, brasileiros, a Suíça é o primeiro adversário. Sabemos que, em tempos de Copa do Mundo, o país praticamente para. Mas quais as consequências disso?

Durante a Copa, as pessoas encarnam um sentimento ufanista e vestem as camisas de suas seleções com toda satisfação. Costuma-se dizer que o futebol é o ópio do povo brasileiro. É bem verdade que vem do esporte o sustento de inúmeras famílias, o sonho de futuro de muitas crianças e a felicidade de muitos torcedores. Durante o campeonato mundial, o sentimento de amor ao país se exacerba. Acontece que, enquanto isso, todos o resto perde importância. Aí que mora o perigo. Podemos chamar nosso patriotismo de seletivo?

Talvez esse ufanismo seja um momento de fortalecer a identidade do nosso povo. Quem não se sente mais animado com as vitórias da Seleção? Entretanto, não podemos nos distrair de outras áreas, principalmente da política. É necessário lembrar que estamos em ano de eleições para presidente, governadores, deputados e senadores. É necessário lembrar, também, que os parlamentares atualmente nos cargos podem aproveitar esse momento de "distração" nacional para realizarem manobras maliciosas, visando unicamente a seus interesses pessoais.

---

* Publicado em: *Blog ABMESEduca,* 23 abr. 2018; *Parnaíba em Nota,* 25 abr. 2018; *Blog do Mario Pires,* 25 jan. 2018; *Tribuna de Parnaíba,* 25 abr. 2018; *Alto Vale,* 25 abr. 2018; *Interior PE Notícias,* 26 abr. 2018; *Blog do Ramon Paixão,* 27 abr. 2018; *O Liberal,* 26 abr. 2018; *Jornal União,* 1º maio 2018; *Folha de Londrina,* 5 maio 2018; *Fatos PB,* 25 abr. 2018; *Jornal da Cidade,* 26 abr. 2018.

Enquanto estivermos torcendo por Neymar e companhia, aqueles que foram eleitos para defender nossos interesses – e muitos deles sabem que não serão reeleitos – podem, na surdina, aprovar emendas, leis e projetos que são contrários aos anseios do povo brasileiro. Daí, ficam prejudicadas a saúde, a educação e os demais direitos de uma forma em geral.

Mas, afinal, o que significa ser patriota? Ser patriota é vestir verde e amarelo e aprender a cantar o Hino Nacional? Ou seria se emocionar com 60 mil pessoas ecoando as rimas em estádios lotados? Ser patriota é muito mais que isso. Patriota é todo aquele que ama sua pátria e procura servi-la.

As eleições vêm em outubro, pouco após a Copa. Independentemente do placar dentro de campo, é nas urnas que precisamos de ótimos resultados. O Brasil clama por mudança, por novos representantes que de fato nos representem. Não adianta ganhar o Mundial se perdemos a disputa contra a corrupção, por exemplo, reelegendo os mesmos políticos profissionais já conhecidos e que tem participação em esquemas de desvios de verbas, superfaturamento de obras, recebem propinas etc.

Peço perdão aos fanáticos pelo futebol, mas o fato é que não podemos ser patriotas apenas durante a Copa do Mundo. O patriotismo deve ser um sentimento diário de todo cidadão. A população deve acreditar nessa união e dirigi-la para buscar melhores condições de saúde, alimentação, ensino e moradia. Mas, muito mais que isso, a população precisa acreditar nesse sentimento, porque apenas assim podemos construir realmente a "pátria amada, Brasil". Vamos torcer e festejar, viver a Copa, mas sem esquecer a nossa realidade, que atualmente não está muito festiva. Cabe a nós torná-la mais alegre, e uma das armas é o voto.

O que realmente se perdeu no incêndio do Museu Nacional*

Não foi só Luzia, o fóssil humano mais antigo das Américas, que foi queimada. Também não foi só o esqueleto do *Maxakalisaurus topai*, o maior dinossauro montado que existia na América, que foi queimado. Nem foi apenas o trabalho de 90 pesquisadores que foi consumido pelas chamas. No incêndio que destruiu quase totalmente o Museu Nacional, o fogo levou parte da nossa história, da nossa memória – não só brasileira, mas mundial. Memória essa já esquecida por parte da população brasileira.

A mais antiga instituição científica do país, o Museu Nacional foi fundado por Dom João VI em 1818 – comemorou 200 anos em 6 de junho passado. Sua coleção abrigava mais de 20 milhões de itens, uma das maiores das Américas. Uma das coleções incluía múmias em sarcófagos jamais abertos. O que fica disso tudo é: quem conhecia esse museu? Uma joia esquecida na Quinta da Boa Vista, na zona norte do Rio de Janeiro.

É fato que o museu sofreu com a falta de investimento público nos últimos anos, mas também devemos atentar para o fato de que a própria população negava ou mesmo desconhecia a importância da instituição. Para se ter ideia, em 2017, 192 mil pessoas visitaram o Museu Nacional. No mesmo período, 289 mil brasileiros visitaram o Louvre, em Paris. Buscamos cultura no exterior, nos maravilhamos

---

* Publicado em: *Jornal União*, 27 set. 2018; *Blog Merece Destaque*, 26 set. 2018; *Blog do Mario Pires*, 26 set. 2018; *Parnaíba em Nota*, 26 set. 2018; *Somos Notícia*, 26 set. 2018; *Portal O Estado*, 28 set. 2018; *O Estado* (CE), 28 set. 2018.

com as coleções de museus do mundo inteiro, e nos esquecemos de valorizar o que temos em casa.

Museus abrigam nossa memória cultural, política, social, nossa identidade enquanto nação. No entanto, parece que visitar o passado não é uma atividade que atrai. Que engano. Uma sociedade que conhece seu passado entende melhor seu presente para, assim, construir um futuro promissor. É preciso que pensemos melhor, a partir da tragédia do Museu Nacional, sobre a importância que damos à preservação e à valorização de nosso patrimônio histórico e cultural.

O Museu Nacional terá que ressurgir das cinzas. O Palácio de São Cristóvão, que já foi a casa da família real brasileira, terá que ser reconstruído. Mas que esse episódio trágico sirva também para fazer reacender em nós o interesse por nossa história, o gosto pelo conhecimento. Quantos outros museus precisarão queimar para que despertemos?

Maria, jovem inspiração para o nosso futuro*

A caminhada de muitos quilômetros, a espera pela passagem da imagem, a disputa pela corda que leva à berlinda em direção à Praça Santuário, tudo em nome da fé, faz com que os paraenses cruzem suas vidas em outubro, levados por uma força maior divina, trazendo sentido a todo o sacrifício e dedicação. Este é o Círio de Nazaré. Como não se comover com a imagem da família em unidade ou pelo carro dos milagres levando a representação de esperança, mobilizando pessoas de todos os lugares, seguindo os ensinamentos de Maria, mulher inspiradora que acalenta o coração de um povo com a sua doce misericórdia, lírio mimoso do mais suave perfume. "Uma jovem chamada Maria" nos remete a um futuro que deve ser trilhado pelo caminho da paz, sabedoria e esperança nos nossos jovens, perpetuando conhecimento e amor em Cristo.

Na trasladação, conhecida como a procissão dos jovens, e no segundo domingo de outubro, a data do grande dia, dedicamos nossas orações para a figura de Maria, entregando a ela todos os nossos projetos, sonhos e objetivos. Agradecemos pela família, amigos, trabalho e pelo dom da vida, mas, acima de tudo, a devoção pela Virgem traz um sentimento de alegria em servi-la. Em meio à procissão, observando os romeiros na corda pedindo ou pagando por uma graça, não imaginamos o peso da cruz que cada um leva, mas nos reconhecemos em um só, em nome de nossa fé. Isso é devoção, isso é Círio outra vez!

As várias demonstrações, aliás, se dividem em doze romarias que ocorrem durante a festividade. Uma delas, a rodoviária, que faz o

---

* Publicado em: *LeiaJá*, 11 out. 2018.

trajeto de Belém até Ananindeua, a família Unama tem a honra de receber. As emoções se transformam em lágrimas de felicidade ao ver a imagem peregrina, cheia de simbolismo de um povo mobilizado por um sentimento. A devoção por Nossa Senhora significa considerarmos o amor ao próximo sem qualquer preconceito e estarmos sempre em contínua renovação.

Como Maria, nós também apostamos e confiamos na juventude nessa missão. Deus continua a chamar e a confiar nos jovens para o caminho do conhecimento e pela luta em transformar as oportunidades em conquistas de sonhos, seguido por um caminho de lutas, mas também de vitórias. Para isso, é preciso escutar o chamado de Maria, que se permita viver a experiência de se deixar levar pela fé.

No dia 14 de outubro, o caminho é para Maria, para lutar por dias melhores, pela fé na igreja, por todos que passam em nosso caminho deixando ensinamentos, nos dando forças para seguir em frente, para que um dia possamos sentir a plenitude de estar aos braços da Virgem de Nazaré que nos cativa. Viva Nossa Senhora de Nazaré!

Os anseios dos brasileiros para 2019*

Recente pesquisa do Ibope encomendada pela Confederação Nacional da Indústria revela o que a população brasileira considera prioridade para o governo em 2019: melhorar a saúde, gerar mais emprego e combater a corrupção. Reduzir a criminalidade e a violência é a quarta medida principal, seguida de melhora na qualidade da educação.

A pesquisa mostra ainda que a maioria dos entrevistados estão insatisfeitos com o país, mas a maioria, 60%, acredita em um bom ou ótimo desempenho do novo governo. Os índices continuam positivos quando avaliamos o empresariado. A pesquisa "Expectativas do empresariado para o país e os seus negócios", realizada pela Deloitte, afirma que 97% dos empresários querem investir em 2019 e que 47% deles pretendem gerar novos postos de trabalho.

A Deloitte indica, ainda, a reforma tributária, com 93%, como maior prioridade para o fortalecimento no setor. Na sequência, aparecem a reforma da previdência (90%), a reforma política (80%), a revisão das leis trabalhistas (36%) e a revisão da política de preços de derivados do petróleo (14%).

Independentemente do segmento e do otimismo para o novo ano, a verdade é que o Estado existe para prover bens e serviços públicos. Estes, necessariamente, devem ser oferecidos com qualidade

---

* Publicado em: *Blog ABMESEduca*, 24 dez. 2018; *Parnaíba em Nota*, 26 dez. 2018; *Blog do B. Silva*, 26 dez. 2018; *Blog do Fumanchú*, 26 dez. 2018; *Tô na Mídia Surubim*, 26 dez. 2018; *Jornal da Cidade*, 28 dez. 2018; *Criativa On Line*, 27 dez. 2018; *Estado de Minas*, 1º jan. 2019; *Diário do Comércio*, 29 dez. 2018; *Jornal do Commercio* (PE), 1º jan. 2019; *Portal Jaguarari*, 2 jan. 2019; *Portal Jaguarari*, 2 jan. 2019; *Blog do Patrício Nunes*, 2 jan. 2019; *Blog do Savi*, 28 dez. 2018; *Hoje em Dia*, 28 dez. 2018.

para a população e oferecer bens e serviços públicos essenciais talvez seja um dos principais desafios do novo governo. Não é novidade a divulgação de pesquisas que mostram que diversos bens públicos não recebem notas satisfatórias da opinião pública.

Destaco que, infelizmente, hoje, o Congresso Nacional, o serviço público, as polícias e o governo são instituições em que os brasileiros nem sempre confiam. Violência/criminalidade, drogas e desemprego estão entre os principais problemas do país, tendo o último atingido mais de 13 milhões de brasileiros segundo divulgação recente do IBGE.

Sabemos que a redução dos índices de criminalidade, o combate ao tráfico de drogas e até o incentivo para que o empresariado crie mais vagas de trabalho dependem do governo. Além disso, é comum aos brasileiros considerar os impostos, no caso a alta carga tributária, como um dos principais problemas do país.

Friso, ademais, que a cada dia temos mais casos de corrupção noticiados. O novo governo assume em meio a uma desconfiança nacional em relação à ética e ao comprometimento dos nossos governantes com o bem-estar da população. E, aqui, temos mais um desafio: resgatar a confiança do povo.

O brasileiro deseja um Estado menos corrupto e mais eficiente no provimento de bens e serviços públicos. Ele deseja um país melhor. É que o brasileiro, em sua essência, é otimista. Eu sou brasileiro.

Mais 365 oportunidades para o Brasil*

Acabado o ano de 2018, é hora de pensar no ano que começa. O que podemos esperar do Brasil para 2019? Comecemos pensando nas mudanças governamentais que se iniciam já em janeiro. Tais mudanças trazem esperanças para grande parte dos brasileiros que almejam ver solucionados ou ao menos minimizados os problemas que impedem o país de voltar a crescer.

No aspecto político, o ano de 2018 foi marcado pelas ações da Operação Lava-Jato contra vários gestores públicos, além de uma eleição com resultado inesperado por muitos. O país parou devido à greve dos caminhoneiros e a economia brasileira ficou quase estagnada. Não crescemos mais de 1,5%. Apesar disso, o mercado interno brasileiro tem mostrado um pouco de fôlego, o que favorece a recuperação econômica para 2019.

Em 2019, a expectativa é de que a economia brasileira cresça um pouco mais, atingindo uma alta de 2,5% do PIB. Não o suficiente para voltarmos a ser uma das maiores potências mundiais, contudo, melhor que o desempenho de 2018. Para que isso aconteça, é necessário atenção com dois pontos: reformas fiscais que precisam avançar e a administração dos juros pelo Banco Central.

Acreditar é uma característica inerente ao povo brasileiro. O novo presidente do Brasil, Jair Bolsonaro, precisa focar sua gestão em diversos pontos, como o combate à corrupção, a defesa da ética,

---

* Publicado em: *Blog ABMESEduca,* 7 jan. 2019; *Blog do Patrício Nunes,* 16 jan. 2019; *Somos Notícia,* 16 jan. 2019; *Diário do Comércio,* 17 jan. 2019; *Portal Jaguarari,* 17 jan. 2019; *Blog do Mario Pires,* 16 jan. 2019; *Jornal União,* 18 jan. 2019; *Gazeta de São João Del-Rei,* 19 jan. 2019; *Jornal do Commercio* (PE), 23 jan. 2019.

a melhoria da segurança pública e da educação, mas é preciso fazer mais. É preciso investir em infraestrutura e mobilidade, pilares do crescimento e desenvolvimento de nosso país. Porém, não se pode esquecer as dificuldades decorrentes da inclusão social.

Economicamente, o Brasil precisa de investimentos com prazos longos de financiamento e com juros competitivos a nível global. É preciso reconquistar a confiança dos empresários para garantir o investimento privado, e esses resultados não são imediatos. A indústria nacional precisa ser mais competitiva e isso implica investimentos nas rodovias, ferrovias, hidrovias, portos e aeroportos, além de investimentos em energia limpa e novas tecnologias. Também precisamos aproveitar ao máximo nosso potencial turístico, que anda esquecido.

Os novos governantes, estaduais e federais, deverão realizar os investimentos públicos necessários para que o Brasil consiga melhorar sua produtividade, logística e a qualificação de profissionais para suprir as demandas. Isso significa não apenas investir, mas garantir e cobrar que os recursos sejam utilizados para os fins corretos e não se percam no meio da burocracia ou da corrupção que ainda assola o Brasil. E como todo bom e fiel brasileiro, eu acredito que ainda há uma luz no final do túnel.

Cemitério de obras inacabadas*

Orçamento, custo, prazo de conclusão. Essas são informações que nós vemos nas placas de todas as obras públicas no Brasil. O resultado, porém, não se encontra. A Associação dos Membros dos Tribunais de Contas do Brasil (Atricon) realizou levantamento e constatou que, de 2009 para cá, existem 2.555 grandes obras paradas no país. O que mais preocupa é que o setor mais afetado por essa paralisia é o da educação, com 21,3% do total e mais de 540 iniciativas não concluídas.

É preciso ressaltar que o estudo da Atricon levou em consideração apenas as obras orçadas em mais de R$ 1,5 milhão, o que leva a crer que o número seria ainda maior quando juntadas as construções menores, como pequenas creches. A maior parte dos problemas na educação diz respeito ao Programa Nacional de Reestruturação e Aquisição de Equipamentos para a Rede Escolar Pública de Educação Infantil (Proinfância), que desde 2007 apoia os municípios na construção de creches e pré-escolas. Já foram destinados mais de R$ 6 bilhões para esse programa, como o objetivo de construir oito mil creches, mas apenas metade está em funcionamento. O Ministério da Educação diz que pretende reestruturar o Proinfância para concluir as quatro mil creches restantes até 2022.

O problema do abandono de obras públicas no Brasil não é novo. É importante que se questione o real motivo para tal. No levantamento da Atricon, os três principais motivos alegados foram a falta de repasse, problemas com as empresas contratadas para a execução da obra e erros no planejamento. Esse último ponto é o mais

* Publicado em: *Diario de Pernambuco*, 2 ago. 2019; *Blog ABMES*, 24 jul. 2019.

preocupante, pois é nele que reside, também, a corrupção. É notório que muitas obras são feitas de maneira propositalmente desleixada ou mesmo errada, para que precise ser interrompida ou remodelada no meio do caminho, a fim de facilitar os desvios de verba. Essas ações inescrupulosas acabam prejudicando toda a estrutura da educação pública no país.

A falta de continuidade entre governos também é um entrave. Os novos chefes do Executivo nas esferas municipal e estadual por vezes não finalizam as construções deixadas por gestões anteriores. Também, a falta de um acompanhamento mais criterioso pelo Ministério Público, para garantir a execução da obra e o bom uso do dinheiro investido, é real e afeta o andamento dos processos.

Fato é que um país com mais de 540 obras públicas paradas na área da educação demonstra sua falta de compromisso com seu próprio futuro. Uma estrutura educacional prejudicada interfere na formação de nossas crianças e adolescentes e o resultado disso é de se imaginar. É preciso um compromisso real dos governantes e órgãos públicos com o setor educacional brasileiro. Os responsáveis têm que ser cobrados e as sanções devidas, aplicadas. Defendo e sempre defenderei que a educação é a melhor forma de desenvolvimento de um país. Se ela para, todo o resto para. Não é isso que queremos.

SOBRE O AUTOR

Trajetória do autor

Da infância pobre e rural em pequenas cidades do interior que, na época, sequer apareciam no mapa do país, vieram a vontade incansável de vencer na vida. "Apenas através da educação é que o Brasil dará o salto em desenvolvimento", essa é a frase inspiradora de Janguiê Diniz, empreendedor que figurou na lista da Forbes, mestre e doutor em Direito e fundador do grupo Ser Educacional, o maior grupo de educação do Norte e Nordeste e um dos maiores do país.

José Janguiê Bezerra Diniz nasceu no distrito de Santana dos Garrotes, na Paraíba. Aos seis anos, sua família deixou o sertão paraibano e seguiu para o município de Naviraí, no Mato Grosso do Sul. Aos 8 anos, montou seu primeiro "empreendimento": uma caixa de engraxate. Pouco depois, trocou a graxa nos sapatos pela venda de laranjas, depois os picolés de porta em porta. Até que seus pais decidiram mais uma vez mudar de região. Seguiram para Pimenta Bueno, em Rondônia. Quando terminou o Ensino Fundamental – antigo primeiro grau –, aos 14 anos, Janguiê se deparou com uma encruzilhada: não havia segundo grau, hoje Ensino Médio, em Pimenta Bueno e, para continuar estudando, mudou-se para Recife, onde procuraria um tio que nunca conhecera, mas que logo se tornaria um segundo pai. Ganhou um emprego como datilógrafo e um lugar para morar.

A trajetória de vida de Janguiê foi baseada na educação. Trabalhava de dia e estudava à noite. Prestou vestibular para Direito em 1983 e foi aprovado na UFPE. A experiência no escritório de advocacia do tio fez com que, ainda no 4º ano do curso, já tivesse montado uma empresa de cobranças com 30 funcionários. Em 1992, tornou-se, por concurso público, juiz Federal do Trabalho do TRT 6ª Região. Nessa época, já havia se formado em Letras na Unicap e era professor na Faculdade de Direito de Olinda. Em 1993, para não ter que ir morar no interior, resolveu pedir exoneração ao cargo de juiz do trabalho, vindo a passar no concurso público para Procurador do Trabalho do Ministério Público da União e no de professor efetivo da Faculdade de Direito do Recife – UFPE.

Em 1994, fundou o Bureau Jurídico, um dos cursos preparatórios para concursos públicos de maior sucesso na região e que obteve altos índices de aprovação, atraindo alunos de todo o país. No mesmo ano, convidando grandes nomes do país e do mundo como palestrantes, começou a investir na realização de congressos nacionais e internacionais na área jurídica, chegando a reunir, num único evento, mais de 7 mil participantes. Em 1998, fundou o BJ Colégio e Curso, atualmente Escola Conecta, onde oferece turmas da educação infantil ao pré-vestibular. Em 2003, criou, no Recife, a Faculdade Maurício de Nassau, mantida pelo Grupo Ser Educacional. Hoje, o Grupo é um dos maiores do Brasil, atendendo mais de 160 mil alunos em mais de 60 unidades distribuídas por todos os estados da Federação, contando com mais de 11 mil colaboradores. Janguiê Diniz já tem 21 livros publicados, entre eles sua autobiografia, *Transformando sonhos em realidade – a trajetória do ex-engraxate que chegou à lista da Forbes, Fábrica de vencedores – aprendendo a ser um gigante, Passos para o sucesso, A arte de empreender* e *Axiomas da prosperidade.*

Livros publicados

DINIZ, Janguiê. *Os recursos no processo trabalhista*: teoria e prática. Brasília: Consulex, 1994.

______. *Os recursos no processo trabalhista*: teoria e prática. 2. ed. Brasília: Consulex, 1994.

______. *A sentença no processo trabalhista*: teoria e prática. Brasília: Consulex, 1996.

______. *Temas de processo trabalhista*. Brasília: Consulex, 1996. v. 1.

______. *Ação rescisória dos julgados*. São Paulo: LTr, 1997.

______. *Manual para pagamento de dívidas com títulos da dívida pública*. Brasília: Consulex, 1998.

______. *O Direito e a justiça do trabalho diante da globalização*. São Paulo: LTr, 1999.

______. *Os recursos no processo trabalhista*: teoria, prática e jurisprudência. 3. ed. São Paulo: LTr, 1999.

______. *Ministério Público do Trabalho*: ação civil pública, ação anulatória, ação de cumprimento. Brasília: Consulex, 2004.

______. *Os recursos no processo trabalhista*: teoria, prática e jurisprudência. 4. ed. São Paulo: LTr, 2005.

______. *Atuação do Ministério Público do Trabalho como árbitro nos dissídios individuais de competência da justiça do trabalho*. São Paulo: LTr, 2005.

______. *Educação superior no Brasil*. Rio de Janeiro: Lumen Juris, 2007.

______. *Desvelo* (Poemas). Recife: Bargaço, 1990. Reed. 2011.

______. *Educação na era Lula*. Rio de Janeiro: Lumen Juris, 2011.

______. *O Brasil e o mundo sob o olhar de um brasileiro*. Rio de Janeiro: Lumen Juris, 2012.

______. *Política e economia na contemporaneidade*. Rio de Janeiro: Lumen Juris, 2012.

______. *Palavras em pergaminho*. Rio de Janeiro: Lumen Juris, 2013.

______. *Os recursos no processo trabalhista*: teoria, prática e jurisprudência. 5. ed. São Paulo: Atlas, 2015.

______. *Transformando sonhos em realidade*. São Paulo: Novo Século, 2015.

______. *Ação rescisória dos julgados*. 2. ed. São Paulo: GEN/Atlas, 2016.

______. *Ministério Público do Trabalho*: ação civil pública, ação anulatória, ação de cumprimento. 2. ed. São Paulo: GEN/Atlas, 2016.

______. *O Brasil da política e da politicagem*: desafios e perspectivas. Rio de Janeiro: Sextante, 2017.

______. *Falta de educação gera corrupção*. São Paulo: Novo Século, 2018.

______. *Discursos em palavras e pergaminho*. São Paulo: Novo Século, 2018.

______. *Fábrica de vencedores*: aprendendo a ser um gigante. São Paulo: Novo Século, 2018.

______. *O sucesso é para todos*: manual do livro Fábrica de vencedores. São Paulo: Novo Século, 2018.

______. *A arte de empreender*: manual do empreendedor e do gestor das empresas de sucesso. São Paulo: Novo Século, 2018.

______. *Axiomas da prosperidade*. São Paulo: Novo Século, 2019.

Publicações em coordenação

DINIZ, Janguiê (org.). *Estudo de direito processual*: trabalhista, civil e penal. Brasília: Consulex, 1996.

______ (org.). *Estudos de direito constitucional* (administrativo e tributário). Brasília: Consulex, 1998.

______ (org.). *Direito processual*: penal, civil, trabalhista e administrativo. Recife: Litoral, 1999.

______ (org.). *Direito constitucional*: administrativo, tributário e filosofia do Direito. Brasília: Esaf, 2000. v. II.

______ (org.). *Direito penal*: processo penal, criminologia e vitimologia. Brasília: Esaf, 2002. v. III.

______ (org.). *Direito constitucional*: administrativo, tributário e gestão pública. Brasília: Esaf, 2002. v. IV.

______ (org.). *Direito civil*: processo trabalhista e processo civil. Brasília: Esaf, 2002. v. V.

______ (org.). *Direito*: coletânea jurídica. Recife: Ibed, 2002. v. VI.

______ (org.). *Direito & relações internacionais*. Recife: Ibed, 2005. v. VII.

______. *Revista de Comunicação Social*, v. I (Anais do Congresso de Comunicação). Recife: Faculdade Maurício de Nassau, 2005, 146 p.

______ (org.). *Direito processual*: civil, penal, trabalhista, constitucional e administrativo. Recife: Ibed, 2006.

______. *Sapere*, Recife, v. 1, 145 p., 2006.

______. *Revista da Faculdade de Direito Maurício de Nassau*, Recife, ano 1, n. 1, 2006.

______. *Revista do Curso de Administração da Faculdade Maurício de Nassau*, Recife, v. 1, n. 1, abr.-set. 2006.

______. *Revista Turismo, Ciência e Sociedade*, Recife, v. 1, n. 1, abr.-set. 2006.

______. *Revista do Curso de Comunicação Social*, Recife, v. 1, 2006.

______. *Revista da Faculdade de Direito Maurício de Nassau*, Recife, ano 2, n. 2, 2007.

______. *Revista do Curso de Administração da Faculdade Maurício de Nassau*, Recife, v. 2, n. 2, jun.-jul. 2007.

______. *Revista da Faculdade de Direito Maurício de Nassau*, Recife, ano 3, n. 3, 2008.

______. Revista da Faculdade de Direito Maurício de Nassau, Recife, v. XI, 2009.

______. *Revista da Faculdade de Direito Maurício de Nassau*, Recife, v. XII, 2010.

Currículo

– Graduado em Direito (UFPE).

– Graduado em Letras (Unicap).

– Pós-Graduação (*Lato Sensu*) em Direito do Trabalho (Unicap).

– Pós-Graduação (*Lato Sensu*) em Direito Coletivo – OIT – Turim – Itália.

– Especialização em Direito Processual Trabalhista – Esmape.

– Mestre em Direito (UFPE).

– Doutor em Direito (UFPE).

– Juiz Togado do Trabalho do TRT da 6ª Região de 1992 a 1993.

– Procurador Regional do Trabalho do Ministério Público da União – MPT 6ª Região de 1993 a 2013.

– Professor efetivo adjunto (concursado) da Faculdade de Direito do Recife (UFPE) de 1994 a 2010.

– Professor de Processo Civil da Escola Superior da Magistratura de Pernambuco (Esmape) (Licenciado).

– Professor Titular de Processo Trabalhista da UniNassau.

– Reitor da UniNassau, Recife, de 18/06/2014 a 01/10/2018, da Unama de 28/10/2014 a 19/09/2018 e Univeritas, Rio de Janeiro, de 18/01/2017 a 30/11/2018.

– Chanceler da UniNassau, da Unama, da Univeritas, Guarulhos, e UniNabuco.

– Fundador, acionista controlador e presidente do Conselho de Administração do Grupo Ser Educacional – Mantenedor da UniNassau, da UniNabuco, da Univeritas, Guarulhos, da Unama, Bureau Jurídico, Bureau de Cursos e Concursos.

– Presidente do Instituto Latino Americano de Empreendedorismo e Desenvolvimento Sustentável – Instituto Êxito.

– Presidente do Sindicato das Instituições Particulares de Ensino Superior do Estado de Pernambuco (Siespe) de 2001 a 2008.

– Presidente da Associação Brasileira das Mantenedoras de Faculdades Isoladas e Integradas (Abrafi) de 2008 a 2016.

– Presidente da Associação Brasileira das Mantenedoras do Ensino Superior (ABMES) de 2016 a 2019.

– Presidente do Fórum das Entidades Representativas do Ensino Superior Particular de 2016 a 2019.

fontes
Alegreya

@novoseculoeditora
nas redes sociais

gruponovoseculo
.com.br